好父母决定孩子的一生

周明珠◎著

珍藏版

航空工业出版社
北京

内 容 提 要

本书从品质与个性、烦恼与成长、阅读与写作、经历与学习四个方面，结合鲜活案例，与家长分享陪伴的智慧，感受陪伴的力量。特别适合注重孩子习惯培养、性格养成、格局创建的家长阅读。

图书在版编目（CIP）数据

好父母决定孩子的一生 / 周明珠著 .-- 北京：航空工业出版社，2019.1

ISNB 978-7-5165-1782-6

Ⅰ. ①好… Ⅱ. ①周… Ⅲ. ①小学生—家庭教育 Ⅳ. ① G782

中国版本图书馆 CIP 数据核字（2019）第 000716 号

好父母决定孩子的一生

Haofumu Jueding Haizi de Yisheng

航空工业出版社出版发行

（北京市朝阳区北苑 2 号院 100012）

发行部电话：010-84936597 010-84936574

北京博艺印刷包装有限公司印刷　　全国各地新华书店经售

2019 年 1 月第 1 版　　2019 年 1 月第 1 次印刷

开本：787×1092 1/16　　印张：10 字数：156 千字

印数：1—10000　　定价：29. 80 元

序言

都说陪伴是最长情的告白。舍得为你花钱的人，是喜欢你；舍得为你花钱和时间的人，是真爱你。这次我们把“你”换成了“你的孩子”，也毫不违和。

现代社会，物价高、房价高，连血脂血压也一不小心就直线飙高。大家马不停蹄地工作、学习和应酬，奔走在通往成功的道路上。转过身，将战利品赠给心爱的人们，为家人打造更高端的未来。因为我们不能让孩子输在起跑线上。可什么才是孩子的起跑线？父母，就是孩子的起跑线。在赤裸裸的现实社会之中，于血淋淋的生存法则之下，负重前行的父母，难有回首舔舐犊子的时间。彼此相见的方式，不是深夜父母亲吻睡梦中的孩子，就是清晨孩子告别睡梦中的父母。

01

女孩的爸爸工作繁忙，陪伴孩子的时间极少。这个入学初试中得了 4A 的孩子在我接班时已是动作慢、习惯差、考试不理想的“落后生”。她动作极慢，慢到花光一天的课余时间也来不及完成作业。为能当天交差，她甩给我的总是一团字如乱麻的作业本。我在一团乱麻里抽丝剥茧，找到答案，扎上一个红勾勾。她长舒一口气，我也长舒一口气。我们都尽力了。

第一次去家访，爸爸说：“只要她快乐，其他都没关系。”所谓“其他”，指的应该就是分数。那么，什么是快乐呢？快乐是让人感到幸福和满足，这是世上最珍贵的礼物，人们终其一生都在争取的奢侈品。她还是一个小学生，绝大部分时间都在校园里度过。她真的快乐吗？当别的同学在走廊上嬉戏玩耍时，她捧着各科作业上上下下，反复订正。这科老师，那科老师，都在叫她的名字。她抬起蓬头垢面，茫然如无头苍蝇。那个时候的她，快乐吗？当别人的课本上加满红色五角星时，她对着的却是满页的叉叉圈圈，还有并不能填满的空格。她握着铅笔战战兢兢，无从下手。那个时候的她，快乐吗？

有一天放学了，我在办公室里批作业本，翻到她的字，由一团麻团竟变得清晰可辨。我一激动就给孩子家长打了电话。我说："您要是见到她的作业本，就会知道她有多努力，多想写好每一个笔画，又多想得到一个优秀。她是一个那么积极努力的孩子。您是大学教授，有您的高瞻远瞩——未来的她或许就是一棵大树，可问题是——现在的她很痛苦……"

是啊，你所秉持的"只要她快乐"，却没有给她带去真正的快乐。你认为可以忽略不计的分数、毫不起眼的红五角星以及微不足道的一句赞美，在一个幼小的孩子心中就是天大的快乐。如今的她，在意的早已不是高高在上的分数，甚而卑微到只要一颗小小的五角星。真想抱抱这个孩子！我在她的本子上写了"加油，很棒"，再画了一颗漂亮的五角星，期待她以后每一天漂亮的字以及给她一个鲜红的五角星。

我请她的爸爸陪陪孩子写一次作业，什么都别做，就看看她那么小的手那么有力地握着笔杆，那么努力地书写，一笔一划，稚拙认真，你难道不会有所触动吗？她有多勇敢，面对自己的不足，在花尽所有的力气争取一点点你不以为然的荣耀。你走进她的世界，就会知道怎样才能使她得到真正的快乐。

如今，女孩已经养成认真书写的习惯。每天能按时完成家庭作业。有错是难免的，但能及时订正。在校玩乐的时间越来越多，还能发展兴趣爱好——做手工，把一件件精美的小玩意儿送给同学们。教师节那天，我收到她做的一朵小花，上面是一只抱着爱心的小棕熊。能有时间做喜欢的事，才是真正拥有了快乐；能够给予他人的人，才是富足快乐的人。现在的她，不再战战兢兢，而是风风火火。在她的身体里，散发着一种蓬勃的力气。这种力气，才能让她长成一棵大树。

02

一个小男生平常的试卷经常大片空白，作文则精简到只有一两句话，完全可以忽略不计，因此常常不及格。有一次期末考试，他得了 60 分。我特意翻了他的试卷，也给她妈妈打了电话。他之所以能及格，是因为他把所有的空都填满了，连同作文的每一个格子都填满了。我细细地读了他的作文，可以用四个字形容——狗屁不通。可是，我依然感动。我感动的是，没有一个人不想要优秀，只是有的人拼尽了努力，也只能够着及格线。可是即便他预见了最后的悲伤，依然会勇敢地争取，拼命地经历。作为更强更大的爸爸或者妈妈，为什么不能帮帮他？每天花 20 分钟给他听写词语，或者听他读读课文，背背诗句，把基础知识掌握扎实。小学阶段，孩子们的智商都够用，需要的只是努力和坚持，就不至于他所有的单元练习卷都是不及格，整张试卷用“千疮百孔”四字形容也毫不为过。可是，就是这样一个基础薄弱的孩子，却用他仅有的几个词语拼凑了一个长篇大论！

也请他的妈妈一定要多多鼓励他。因为今天的认真，一定不能马上换来明天的分数。他落下太多了，要追很久很久才能赶上大部队。他会在付出后得不到收获而泄气。你一定得告诉他，每一个端正的字，都是他最大的进步。每一个掌握的词语，都是他最大的收获。只有坚持，才会改变他的现状，收获他的未来。

03

即使是在校表现优秀的孩子，在家中也可能会判若两人，有的自以为是，有的懒散拖沓，有的任性放纵……“优秀”究竟是不是他们的“表象”？其实，绝大部分孩子在家里，任意妄为展现的往往是个最“坏”的他；在学校，又拼尽全力做到一个最“好”的他。每个孩子都曾做过最好的自己，只是坚持的时间或长或短。贪玩、自控力薄弱是孩子的天性，可他们幼小的心灵一直孤独地战斗，跟大人们一样面对残酷的现实。大人们承受不起时可以呼朋引伴，可以酒逢知己，可以一醉方休。孩子们只能孤独地面对、接受、消化，或者被打倒，再起来，再被打倒……直到被冷酷的现实彻底打倒在地，再也爬不起来。如果你看到这样一个他，不想待在身边耐心地听他诉说，温暖地看着他，轻轻地拥抱他，真诚地夸夸他，积极地鼓励他“来吧，我们一起努力，并肩作战。爸爸永远是你强大的后盾”？

心理学专家李玫瑾教授说：“父母对孩子的心理影响力与心理控制力，不在父母挣钱有多少，也不在父母多有知识，更不在父母的事业有多成功，只在你为他生命的初期付出的辛苦有多少；在你为他依恋时期（指12岁以内）的相伴时间有多少。”我们把一个小生命带到这个世界，不是为了传宗接代、养儿防老，而是陪伴一个生命的成长。陪伴意味着付出与欣赏。

我从事小教工作15年，遇见许多个性鲜明、令人头疼的熊孩子，但从未抗拒过也不曾放弃过。只要孩子的爸爸妈妈愿意与我开诚布公地聊聊孩子，拼凑一个足够好也足够坏的他，还原一个真实的他，我们就能帮助他更好更快乐地长大。成长是孩子一个人的事；养育孩子是全家人的事。爱是一个过程，也是一种能力。你的坚持，就是他的坚持；你的抛弃，就是他的放弃；你的陪伴，是不动声色的鼓励，也是最有力量的坚持与爱意。

目 录

第三部分　阅读与写作 \ 75

华丽辞藻堆砌到作文里，虚不胜补，冗长矫情。
你需要阅读的修炼，也需要诀窍的取胜。

第四部分　经历与学习 \ 111

最好的学习，是实践；最深的体验，是经历。最好的经历，是最好的教育。

第一部分
品质与个性

物种的优越性，正在于他的差异性。

1 爱劳动的孩子，不会差

他的父母，就在我们学校附近摆了一个水果摊。他毕业多年后，我每次路过水果摊，他父亲依然会热情地打招呼，会聊起孩子的现状。一聊起来，老父亲就笑容满面，露出特白的牙齿，絮絮叨叨的都是儿子的优秀——这次模拟考全班第一，年级第三。

那是很多年前的一个学生，在当时的“神童班”里。说是“神童班”，是因为有许多特别优秀的孩子，有在浙江赫赫有名的镇海中学，有在杭州的学军中学、杭二中，还有很多在我们当地最好的高中实验班，有的还代表中国去参加亚洲数学竞赛……可是，我记忆犹新的仍是这个水果店老板的儿子。

接班时，他们正读四年级。他已经当了3年的调皮捣蛋鬼，每天顶着坚硬的板寸来校，穿着洗得发白的衣服，还有黝黑的皮肤，成了我眼中的一个“小刺头”。有一天傍晚，整个校园里空无一人，我也准备下班，临走前到教室里再巡视一番时，却发现卫生角的角落里，他正低头默默地扫着地。我走近了，才看到地上是一大堆的垃圾，横七竖八的扫帚。我问：“怎么回事？”他说：“垃圾太多，我扫完了再回家。”“其它人呢？”“都跑了。”我想再问一句“你怎么不跑”，突然觉得那是对他的侮辱。第二天，我在班级里宣布破例委任他为新的劳动委员。这下，整个班级都乐了。因为这个被他们私下称作“清洁工”的活儿，终于有个傻瓜包揽了。可想而知，他接下来的工作会有多艰难。很多孩子胡乱打扫完自己的部分就跑了，反正那个新上任的劳动委员会继续扫完。而他总是毫无怨言地说“我家近，扫完再回家”。我有些不好意思，跟他爸爸解释了每天迟回家的原因。

他爸爸带着标志性的笑容，说的第一句话是：“没事。学校离家这么近，就让他多干点。咱们在家也常干活啊！”

原来，无论多忙，有一件事必须全家一起做，那就是每周六下午的全家总动员一起大扫除！上下两层，总共200多平的房子，6个人一起大干一场，个个干得酣畅淋漓，不亦乐乎。那是一家人最热闹，最欢乐的时光，老太太拿着吸尘器，老头子推着拖把，爸爸妈妈抹着地板，姐姐和弟弟光着脚丫，挥着小抹布，擦洗自己的桌椅以及玩具。叮铃咚咯，砰砰乓乓，全家人沉浸在劳动的欢乐中。在我们的习俗里，似乎只有过年过节或者家里来客，需要大动干戈，清扫一番。可这一家子倒好，每个周末都像过节。劳动，真好啊。

不劳动，就不能扫一屋；不能扫一屋，就无法扫天下。伟大的事业，源于微小的积累。眼高手低，是一种病，我们却不愿意治。小小年纪，就瞧不上一个教室的卫生管理工作。可要我说啊，最难管就是卫生工作，你天天要和四五十个人的恶习和惰性斗争。一没管住，“卫生角”就成了“卫生死角”；再没管住，整个教室都成了垃圾场。所以，动动嘴就能让班级一尘不染的，那是管理天才；亲力亲为，埋头苦干的，那就是实干家。哪一类，将来都是人才。他，属于后者。在这个人人都是家庭“掌中宝”的现代社会，他实属稀有物种。

他爸爸说的第二句话是：“他可高兴了，因为当官了……就是成绩不太好……”

在这个“神童”班里，他确实太逊了，简直低到尘埃里，飞扬不起来，甚而沦为被人欺负的对象。我们对于劳动的认知，是浅薄的，也是急功近利的。我们太想要今天付出，明天就得到，更想要通过最初的劳动实现最后的不劳动。很多人从骨子里，对劳动充满鄙夷。我们可以扪心自问，我是这样吗？如果让我的孩子去做劳动委员，每天最后一个离开学校，时不时就要做“逃兵”的替补，我愿意吗？我能像水果摊老板开心地说：“没事，让他干去吧。反正离家近。他很高兴，当官了……就是成绩不太好……”还是满脸尴尬地说：“真是不好意思啊，老师。我的孩子成绩不太好，想要在家多做点练习……这个职务就交给更有能力的人吧。”

确实啊，劳动委员算什么？付出最多，得到最少。现在的孩子，连自己都伺候不好，怎么能服务大众？再说了，我们是来读书学知识的，可不是来打扫卫生的。可是，高贵的品质，都需要千锤百炼。漫长的付出，毫无所得的付出，长久的忍耐都在把他锤炼成一个更优秀的人。

爱劳动的孩子脚踏实地，淳厚善良。因为他有一颗服务大众的心。他们把自我价值的实现建立在服务别人的基础之上，能够把利己和利他行为有机协调起来。因为他们认为只有服务别人，才能体现自己存在的价值，才能得到别人的服务。为了别人的满意，不惜自我退让、妥协甚至冒着风险、做出牺牲。我不知道曾经沾沾自喜、洋洋得意的“逃兵”们，现在过得如何。至少，再也不会笑话当年班里的“清洁工”了吧。因为现在的他，不会再给他们机会。蛰伏多年的他，终于要重拳出击了。

最近一次，遇到他父亲，了解到一件事：由于成绩优异，老师把他放在两个“话痨”中间，当起了“人肉屏风”。可那两个同学太能说了，连他都忍无可忍了。因为是高三，父亲着急了，就说：“那……我跟老师去说说，给你换个位置。”他一口拒绝：“不要！这次我要考个第一！我要用第一名镇住这些家伙！”他爸说着，又哈哈大笑起来。他是那么得意，儿子竟强大到一切负能量都侵近不了。这才是真正的强者吧！

回忆那天天渐渐暗下来，他一个人在教室最后，默默扫着地上一堆垃圾，一点一点扫完，装进垃圾桶，再背起书包，关上门，拎着垃圾袋，走出校门。他的身影，那么瘦弱。

大多数人，会被暂且的表象所迷惑。我们身体辛苦了，却不知道内心丰厚了。我们失去了，却不知道得到更多。那个小小的他啊，付出那么多，得到也是最多。最宝贵的，就是面对不公时的隐忍、妥协、努力与化解。这个伟大的小东西，穿上了一件隐身衣，把伟大的自己紧紧包裹起来，慢慢地释放、成长，变成了今天的强者。他从来不是通过解决敌人，来消除战斗；而是通过壮大自己，来震慑对方。这个伟大的和平主义者！牺牲了自己，也成就了自己。这种强大，令人肃然起敬！

有人说：“爱看书的孩子，差不到哪里去。”但我要说的是：“爱劳动的孩子，一定不会差！”

2 “我也喜欢你”

我在一个清晨的楼梯口遇到了她，她走在台阶上看见我，朝我俏皮地笑了一下又“噔噔噔”地向上走了几步，回头又抿着嘴朝我笑了一下。我问她：“你是不是很喜欢我？”她终于腼腆地点了点头，镜片后面是一双闪烁的眼睛。我说：“知道了。我也喜欢你。快去教室吧！”这回，她高兴了，屁颠屁颠地背着沉重的大书包，朝教室里奔去。

那时说的“喜欢”带着3分真情，还有7分好意。她实在是令所有人抓狂的女生！上课的时候，她不开心了，就会在齐读时怪腔怪调，哼唱不停，才不理会这是不是在公开课上，有没有客人老师听课；写作业的时候，她不开心了，就会拿一支笔在作业本上不停地画圈，画到我们根本无从下手批阅作业，如果是作文，就会更离谱地唱反调；在家里呢，如果不高兴了，就会拽住妹妹，以打妹妹取乐！提起她，脑袋里就会出现一张气鼓鼓的漂亮脸蛋，加上双手叉腰的架势，真是好气又好笑。可是，这样的一个女孩子，如果她突然在你面前腼腆起来，你就该知道她对你的喜欢是认真的。我不敢说“不喜欢”啊，她一定会狠狠“报复”我，在我的课堂上。

像这样的特殊孩子，有着特殊的背景。

她从小跟着爷爷奶奶在农村长大。她爸爸出奇地聪明，6虚岁上一年级，长大后轻松考上名校，年纪轻轻就在一家公司做高管。爷爷总结出一套成才经验——上学一定要趁早！于是，她也6虚岁就在农村上了一年级。有一次，爸爸妈妈回老家学校去看她。她不是坐在位置上的，而是蹲在椅子上，像只战斗的公鸡。这可让妈妈急疯了。二年级，就转学带在了身边。美好的日子，才刚开始，就被二胎“妹妹”的到来给粉碎了。从此，她就变成了小狮子，爱上了张牙舞爪和咆哮吼叫。

原来，这个全班最小的叛逆宝宝，一直觉得自己缺爱，觉得老师不爱她，就跟老师对着干；觉得妈妈不爱她，就跟妈妈对着干。我去家访的时候，爸爸跟我说："我对我的女儿没有任何要求，只要她快乐就行。"我懂的！妈妈却说："我也有不对的地方。我对她挺凶的，有一次生气了，拿起钥匙就朝她砸去，把她的头砸出了血。"我也懂了……

一个放任，一个暴力。放任的结果，往往最后靠暴力收场。

所以，当她心情大好，对我表示出一丁点爱意时，我赶紧抓住，告诉她："我也喜欢你啊。"真感谢这个奇妙的清晨，我抓住了她抛过来的橄榄枝，并回以3分真情。那天的课，她表现特别好，朗读得特别深情，特别好听。我夸了她，她以此确认——嗯，老师对我是真爱。

可是，孩子，你的父母对你才是真爱。

爸爸包容你的一切，包括你作为一个姐姐对妹妹的过分；为了不让你难过，他们慢慢收敛对妹妹的夸赞，要求妹妹也来包容姐姐，弥补多年来把你放在家乡而落下的遗憾；为了让你快乐，他们欢迎你呼朋引伴，毫不吝惜地为你和你的朋友举办生日派对，并且遵从你的意愿——每人一份同样的礼物；在你们参加校园剧演出的时候，费尽心力；他们请全班的同学包容你这个班级里的"幼稚鬼"……他们喜欢你的朋友，喜欢你的同学，不是因为别人优秀，而是他们深信：用在别人孩子身上的爱，最后都会回馈到你的身上。为了爱你，他们几乎爱遍了你身边所有的人和事。

多么庆幸，你不是真的缺爱，只是被留守时光蒙蔽双眼。多么庆幸，爸爸明白："缺爱，就像缺钙，错过了生长期，就是错过了一辈子。"多么庆幸，妈妈不断检讨纠正自己，不断付出包容。拥有那么慷慨的父母，终有一天会把你养成一个慷慨的人。

渐渐地，她开始转变，变得温和、爱笑，教室里都是她奔跑追逐的身影。每当铃声响起，她总是最后一个蹿到位置上，大口大口喘着粗气，淘气地朝我咧嘴一笑；她喜欢上了校园剧，参加了学校剧团，还有幸演出。在小小的舞台上，她演技爆发，大放异彩！随之而来，当然就是另一个极端：她高兴了，会读出动听的声音，在学校运动会的广播室娓娓动听地播音；她高兴了，会写出一个个好看的字，还有妙趣横生的文章；她高兴了，会带着妹妹一起玩耍，告诉妹妹："我是妹妹，你是姐姐……哈哈……"

好时光，总是短暂。到了毕业前夕，她突然又满脸愁容，时不时就朝同桌拍桌子，瞪眼珠子。有一天，她在讲台边，嘟着嘴巴，气鼓鼓地对我说："我妈妈又怀孕了。我爷爷要她生下来。说万一是个孙子呢？"

才接受妹妹，夺回属于自己的阵地，又要来一个掠夺者！万一真是个弟弟，那岂不是前功尽弃！要知道，爷爷奶奶是多渴望有个小弟弟啊！之后的很长一段时间，她故态复萌，变本加厉。我确定她的妈妈是打算生第三胎了。

果真，再见到她妈妈，已经挺着巨大的肚子，到班级里来接她。那天，是孩子们代表班级参加学校艺术节团体项目的比赛。她们的节目获得了一等奖。她们从舞蹈室跑回教室，正在热烈庆祝。她妈妈来了，挺着大肚子，喘着粗气，说："哟，你们刚才的小品太搞笑了。"

"你去看了？"

是啊。妈妈去看了，就站在窗外，西晒的太阳，快把妈妈晒化了。如果不是我把她叫回办公室休息会，恐怕她还要和她们一起等到各个班级的成绩都出来为止。

她终于甩了一句："有那么好笑吗？小心笑坏你的肚子！"

我们都笑了。妈妈要给她背书包，她一把扯过来，说："我可不想他说他还在肚子里的时候，就被我欺负。"

这就是她啊。在亲近的人面前，总是气呼呼的样子，说起话来冲头冲脑，没个好气。可是爱她的人，会懂得她已然不是那个怪腔怪调的"幼稚鬼"了。她每一天都在成长。成长的过程，就是改变原来的自己，将狭窄的胸怀不断撑大，去接受她曾不愿意接受的人和事。她那么痛苦地蜕变着，除了去拥抱这颗不断被伤害的小心灵，给予更多的爱，我们还能做什么呢？

记得我派她去校广播室播音时，内心还是忐忑，她的好朋友——我们的班长蔡蔡说"她行的"；广播室里的老师也说："哎哟，这孩子真认真。"陌生人决然不会料到她曾如此"面目可憎"；即便我们都知道她那点老底，也决不会揭穿她。因为她有了"面目可憎"之处，我们才格外恩宠她。这所有的"格外恩宠"里，还因为她有一对慷慨的父母。所有他们付出的爱，终将回馈到她的身上。

不久，这一届学生毕业了。有一次，在路上遇到她爷爷，正在小区里踱步。我问："她妈妈生了没？"老人家说："昨天生的。"我说："男孩还是女孩？”老爷子抿嘴笑了一下：“男孩。”瞧把他扬眉吐气的，这是专程在小区里踱步，就等着大家伙问呢！我向他道喜后就准备走了。老爷子又说了句，她在初中不错哦，第一次数学测试得了 97。

真欣慰！欣慰的，不仅是她得了 97，还有老爷子为她骄傲的神情。

3 诗人的母亲

人生，总有猝不及防。诗人的母亲跟我聊起诗人，就在他 3 岁那年给予她的重重一击。

那时候，他还不是“小诗人”，因为还不愿意开口说话。他最喜欢的就是用手指指点点，用头摇摇摆摆。更早的时候，全家人都知道他听得见，也听得懂，不存在聋哑的可能，就是万事大吉。直到有一天，在公园草坪上玩，别人家的 3 岁娃娃已经又唱又跳，还会撒娇打闹，而他只是一个人蹲在草地里默默看着一朵小野花。巨大的反差，强烈地刺激着妈妈。妈妈问：“这是什么呀？”他不答，伸手要去摘小野花。妈妈不让，说：“来，你把它的名字说出来，我们就去摘。”他不愿意说，但手已经伸了出去。妈妈一把抓住了他的手，蹲下身子，指着花，慢慢地发音：“这是花——”最后，他拗不过，憋了好久终于挤出一个字——“花”。妈妈备受鼓舞，从此爱上了这件事：外面要去坐小汽车，就得说“汽车”才有得坐；家里吃个苹果，必须说个“苹果”才有得吃；就连吃个火锅，也得说遍所有菜式。万幸他是个“吃货”。妈妈此计屡试不爽。

仅仅会说词，自然是不够的。诗人的母亲找来光盘，一起读书背诗讲故事。再到公园游玩，小诗人会对着草说：“妈妈，你看这是‘离离原上草’！‘离离原上草’！”对着柳树，说：“哎呀，这些‘万条垂下绿丝绦’飞起来了！飞起来了！”母亲想要“诗人”再多说点，而他早已沉醉在自己的世界里。母亲叫他，他瞪大眼睛，茫然不知所以……

“没关系。这孩子，就是跟别人不一样，要么不开口，一出口便是诗，或许他就是一个小神童。”母亲起初还在心中喜忧参半地琢磨，最后是变成了不能与人言说的自我安慰。直到上了一年级，家长开放日，母亲到校听课，期待“小诗人”的优异表现，以验证自己内心所想。然而，别人的孩子高高举手，兴致勃勃回答问题；他的小手并未举起，甚至连头也没有抬起，茫然地掰着手指头，或者盯着墙面，眼神涣散空洞。再接着，就是老师的陈述：他发现自己的橡皮没了，就哭着跑到老师那里，一下子抱住老师，吼着：“老师，我的橡皮不见了！不见了！不见了！”放学了，他没找到妈妈，就在校园里大哭。有个阿姨蹲下来安慰他，他失控地伸手扇了阿姨几个巴掌……

我们不曾说破：沉浸在自己世界里的“小诗人”，在交往上有些小麻烦。比如：他不喜欢说话，喜欢用手的动作示意；他说话，喜欢用书面语，不善于交际口语的运用，并且出现不断重复的现象；有时候，离奇地焦虑，动不动就大呼小叫，甚至会暴力他人……万幸的是，母亲在他 3 岁的时候就进行了引导。越早的干预，越有效。尽管这些干预，看起来收效甚微。可是每一点每一滴的注入与浇灌，都使这株原本即将枯萎的小树苗拥有了舒展身枝长成枝繁叶茂的大树，去触摸另一个世界的希望。

直接击溃母亲的是，一年级第一次语文测试，试卷上那个浓烈刺眼的“65”。要知道这可是一个书香世家，家中传下的藏书就近千册，怎么可能有这么一个“基因突变”的家伙！

他三年级时，我接班了。课堂上的他，大部分时间都处在游离的状态，我走过去摸一下他的脑袋，他能坚持几秒听课，但很快你不知道他又进入了哪个世界。但有一堂课，他最喜欢，就是口语交际。因为在他心里那就是讲故事的课。诗人的母亲给我发了微信，说：“昨天我和他一起准备了很久很充分，因为他很喜欢讲故事。”我明白妈妈的用意，第一个请他了，果然站在讲台上毫不怯场，讲起故事有模有样，有声有色。台下掌声雷动。因为是口语交际，同学要提问回答再互评。这可让他高兴了，看看谁举手了，嗯，点这个，叫那个。同学们夸他说得好，他会说“嗯，谢谢。请坐。”同学提出问题，他会说：“这个……嗯……你说什么？”他其实没有听。不过，对他来说，已是不错。此后的每节口语交际课，他都是说得最棒的那个，也渐渐成了大家最期待的那一个。曾经小诗人一开口，就会惹来一阵爆笑。老夫子似的他，在孩子眼里就是一个异类。诗人的母亲却抓住了他的特质，成功地转换为优势——脱稿讲故事，有声有色，娓娓动听。小朋友一旦有一方面的能力得到别人的认可，就会得到应有的尊重，也就得到了应有的快乐。

秋游了，诗人的母亲说："老师，能帮我们和某某女孩分一组吗？因为他很喜欢她。他已经为她准备了很多零食和书。"当然可以。他们一起合作着将野餐垫铺在草坪上，一会儿分享食物，一会儿触额阅读，一会儿彼此拍照，甚是有趣。小诗人最大的麻烦，是不会与人交流。难得有他喜欢的交往对象与交往诉求，满足他就能激发他交往的兴趣。诗人的母亲可贵的是：一她了解儿子的喜欢；二帮助儿子实践这种喜欢。

暑假了，同学们要组队完成关于"垃圾分类"的微视频作业。诗人的母亲主动鼓励小诗人担任了组长一职。小诗人邀请了5位同学到家中，由他分配任务。大家开始制作宣传画报，写对联，在炎热的夏天穿上红马甲，戴上志愿者帽子，一起到小区里分发传单，向市民宣传垃圾分类的小知识。诗人的妈妈，也不闲着，举着手机一路跟拍。最后，通过剪辑加上小诗人的绘声绘色配音，完成了高质量的"微视频"，并推荐到区里参加了比赛。当我们的大屏幕上分享他们的成果时，小诗人手舞足蹈，欢蹦乱跳；队友们得意洋洋，一脸荣光。能在团队中起主导作用，并且给大家带来荣耀，是一个人在集体中树立威信的有效途径。作为团队首领，小诗人显然心有余力不足，但有了母亲这个坚强后盾，一切便迎刃而解。

四年级时，小诗人成绩中上等；语文比较优秀，都在90分以上，作文也屡屡见报。他最擅长背诵，因为积累古诗无数。有一次，大屏幕上出现："李白有诗'露从今夜白，月是故乡明'……"他突然举手了，说："老师，这是杜甫的诗。"确实是啊。班里一定也有人对此心生怀疑，却没有人笃定地指出和纠正。你看咱们的小诗人对古诗文的掌握如此扎实，使得他拥有质疑的无限底气。

我跟他母亲说了。诗人的母亲最开心的竟是——哎呀，这说明他上课认真听讲了呀!

一个平凡的母亲，可能要的不是什么质疑权威的勇气，也并非什么成就非凡的诗人，而只是生活里的小喜悦——啊，他能专注地看大屏幕，能迅速地发现问题，能毫不犹豫地提出问题所在并加以纠正。这对很多优秀的孩子来说，都并不是那么容易的事，更何况是我们3岁还不愿意开口说话的“小诗人”！这些年来，诗人的母亲简直就是揉碎了一颗热切的心，碾作点点滴滴的呵护与爱，一路陪伴与扶持，使他慢慢长成一棵普通小树应有的高度，未来才能张开繁枝茂叶，触摸更高更广的天空，接受更温暖的阳光沐浴，更和煦的轻风抚触，长成他最伟岸的样子！

六年级的第一个学期，班级竞选大队委候选人，他第一个站在了讲台上，稳健的台风，完美的讲稿，雷动的掌声，他竟成了出乎意料的黑马，成功地当选了。人生，总有猝不及防。好在，人生还有母亲。

4 聪明的笨小孩

通常情况下，我们把孩子分成三大类：一类是自觉努力，不需他人督促就能成绩优秀；一类是不自觉，需他人督促也能成绩优秀；还有一类就是我们心知肚明，不可言说的——不自觉，也没人督促的，那就唯有“无语”二字。但无论怎么分，我们从不会将孩子分成：聪明的和愚蠢的。因为人人生而不同，仅凭今天的分数不能武断未来的万种可能。

01 努力是一种天赋

12年前的班里有两个女孩子，一个叫SS，一个叫NN。SS的父亲是外资企业的副总，NN的父亲是垄断性国有企业的副总。她们的母亲是同事，长得都高且美。可以说，家世几近相当。SS漂亮文静，擅长文学；NN活泼可爱，喜欢数学。两个人的成绩在班里都是名列前茅；若真要比个高下，SS略胜，因为学得扎实严谨，书写也端正；NN呢，活泼的女生总是会粗线条一些，数学学得好，语文就基础差了一点，胜在作文有创意。这样两个优秀的女孩子，在同一个班里，母亲又是同事，就很容易被比较一辈子。好在后来两位母亲都辞职，在家做起了全职太太。但偶尔还会提起，中学的NN应该会学得更轻松，人缘也更好，因而更加阳光灿烂吧。SS呢？冷冷的小美人一个，扛得住压力吗？会不会跟不上？相比之下，大家会更担心 SS，因为印象中的 NN 更聪明。甚至有人会冷不丁冒一句：“小学里嘛，哪里看得出来。SS 就是特别认真，特别努力，特别肯花时间，她把重要课文、资料都背下来了……”

认真、努力、勤奋，什么时候成了“愚笨”的暗语？也常听见这样的话：“聪明就是聪明啊。这点真是没办法。学什么都要天赋啊！”那么，什么是天赋？你如何认识和运用自己的天赋，让自己成为天才？马云是天才吗？网络上那个灰头土脑、蓬头垢面的小马云，在你眼里有天才的气质吗？在足够努力之前，所有的天赋都是空气，看不见，摸不着，尽管你拥有并且不停地使用它。

02 努力 + 坚持 = 成功

认识一位大哥，父亲早逝，母亲改嫁。他跟随奶奶长大，初中毕业考上了中专。中专毕业时，同时自考了大专和本科，英语过了专八。问一个山旮旯里出来的土鳖如何在学业上这么牛气和在外语上这么洋气的。你一定猜不到——中专三年他完成了熟背《英汉牛津词典》的壮举。中专毕业后，他去成人中专教英语。一年后考浙大研究生，失败；隔年再考，上了浙江某所大学的研究生，与他读本科的妹妹一起就学。3 年后，他再考博，以公费生的身份进入厦门大学金融专业。一年后去美国做交流生。回国后，由于不是 985 毕业的学生，没法留在厦门大学任教。惜才的导师推荐他到了另外一所大学任教。2017 年，已成为院长的导师，邀请他重返厦大，并破格晋升为教授。一个浙北小山村的男孩凭什么站在了金融领域的顶端？无他，唯“努力”二字。

人人生而不同。通往罗马的路千万条，可有人一出生就在罗马，有人一出生就站在了我们为之奋斗终身也难以抵达的顶峰。我们不是王首富，我们的爸爸也不是马爸爸，我们的孩子更不是可以挥金如土的国民老公。这是无从更改的命运。我们的孩子似乎一开始就输在了起跑线上，不过这条起跑线跟那个大哥比起来，简直是镶了金边的起跑线。比我们富有的人，在努力；比我们穷困的人，在努力；比我们聪明的人，也在努力……我们有什么理由不努力？

很多年前，一个女生一直稳坐第一的位置，就是学神级的人物。奇怪的是，人们评价的话竟常常是：“她嘛，就是死读书。有什么了不起的，如果我努力的话……”我不知道背诵《牛津词典》算不算死读书，也不知道莫言辍学后熟读一本叫《新华字典》的书，算不算死读书。我们唯一可以确认的事实，就是前者从一个山农的孩子变成了经济学家；后者从一个农民的儿子变成了诺贝尔文学奖获得者。农民的儿子，实在不懂得如何投机取巧，但在祖祖辈辈的实践里明白一个真理，那就是“一分耕耘，一分收获”。如今看来，这种嫌弃人家智商不够努力来凑的人，不过是赤裸裸的羡慕妒忌恨而已。人们对于与生俱来的优越感狂热迷恋，对于后天养成的勤奋努力等优秀品质却嗤之以鼻。这种不正三观，真是害人匪浅！如果时光可以倒流，很想怼怼那些人说：“如果你也努力……可惜，你不懂努力。因为努力也是一种天赋！”

世上最珍贵的东西都是免费的，除了空气、阳光，还有就是真理。真理存于万事万物，你可随意采撷。可惜的是，真理遇见了你，你却不断错过它，因为谬论往往长着一张蛊惑人心的脸，譬如天赋与努力。我常常跟孩子们分享宝贵的感悟：勤奋，一定是有用的；如果你还没有明显的进步，是因为你还不够努力；通往成功的路是越走越宽的，因为坚持到最后的人越来越少。

03 努力是竭尽全力，精益求精

SS 和 NN 在高考后来母校看望老师们。SS 上了浙大，NN 去了东北一所大学。我对 NN 说：人的一生很长，你那么聪明，还有很多时间努力，只要不放弃，未来就有无限的可能……我的一个男同学，高中时期并未展现特别优越的智商，高考进了师范学院的物理系。按普通的轨迹，应该就是毕业后到中学任教，做一名出色的物理老师。然而，他选择了另一条路，经过大学四年的努力，顺利考入浙大硕博连读，毕业后又去了日本早稻田大学取得了“博士后”的殊荣。世上只有两种动物能够到达金字塔顶端，一种是飞鹰，一种是蜗牛。如果我们生来没有高贵的血统，那就做一只最牛的蜗牛。何其幸运，曾遇见那么多励志的朋友，见证知识改变命运；努力改变人生。

可惜的是，就在今年，我听到了关于 NN 的消息：暑假里洗澡时，她昏倒在淋浴房里。去医院抢救，因为她跟随妈妈的作息时间日夜颠倒，吃饭又三餐并两餐。出事那天一直睡到下午 2 点，导致低血糖晕厥。更糟糕的是，她小小年纪已经得了腰椎间盘突出的病，严重到必须马上动手术的程度。术后，不能剧烈运动，只能靠游泳来复健。这下父亲大发雷霆了。妈妈也终于开始调整作息，不再晚上麻将白天睡觉，只要NN回家，就陪她一日三餐，正常饮食。到了假期，就飞海南游泳复健。可惜，如今的她，努力要的不过是一个健康的身体了。再看SS今年7月在“水下智能机器人大赛”，与同学组队获得设计组第四的好成绩。

正确的理念，健康的生活，对于一个孩子来说，是成长的基础。作为父母，我们应当有健康的理念去引领孩子成长。这种健康除了身体的强壮，更要有精神引领的正确。真正聪明的脑袋，该有高级的行为与之匹配；反之，低级的小聪明，则都是真愚蠢。小学6年知识简单，大部分孩子都能轻松对付考试。而你也由此麻痹大意，被他聪明的脑袋所欺骗，就轻易原谅他的懒散，忽略他的惰性，随他自生自灭，幻想未来的他可以突然变得优秀。于是，彻底地散漫，无节制地享受，将自己和孩子的一手好牌统统打烂掉。

这世上，没有一项伟大的工程，是可以偷工减料的。所有的成功，都来自于精雕细琢。作业本的字，可以不漂亮，但是要端正，这是态度；考卷上的分数，可以不是最高，但绝不能大片空白，这是底线。诵读是读熟，而不是读过；背诵是记熟，而不是记过。什么是努力？这就是努力，使出所有的力气去做事，竭尽全力，精益求精。这就是我们要在6年里培养孩子的珍贵品质，因为努力是一种能力，是一种毅力，还是一种生生不息的战斗力。

十几年的语文教学生涯，无数孩子的优秀作文，唯一让我记得的是SS写的“绿”，记不得原句了，却忘不了她用的那个词“简直绿爆了”！如今这个“爆”字早已成为网络爆款，而这不过是2006年一个10岁小女孩作文里的惊鸿一瞥。所以，醒醒吧，不要以为她足够努力是因为她智商不够，那是你的智商不够。

5 哦，永远不晚

蓓蓓与我初次见面，就把我给震到了。

开学第一天，我正在办公室里擦拭桌子，一抬头就看见一个小个子大眼睛的女孩站在了我面前。她问：“老师，你是311班的班主任吗？”我答：“是啊。”她面不改色地说：“我是你们班的插班生。”“啊？”我震惊了，并没有接到任何通知啊。看我一脸狐疑，她解释：“昨天下午我们来311班找你报到，但办公室老师说你去家访了。”再看她一眼，扑闪的大眼睛正打量着我呢！我心里一紧：这是——来者不善啊！果不其然，一个老太太冲进来，一把拉住她，喊道：“我不是叫你在校门口等我的吗？你怎么一个人就跑进来了？你胆子也太大了！”她默不作声，也毫不尴尬，毫无惧色！直到爸爸来了，她才收起骄傲的小脑袋，默默走进了教室。我由此走上了一条与她“缠斗”的路。

蓓蓓大胆泼辣，也老练能干。这不仅体现在她的为人上，更表现在她的处事上。要不了多久，她就与班里的女生打成一片。她的铅笔盒里有数不清的自动笔，日日更新，乐此不彼。女生喜欢她漂亮的自动笔，蓓蓓就大方地送她一支，或者交换使用也可以。两全其美，不甚美好。孩子的友谊，瞬间就可建立，自然也会秒塌。蓓蓓黑着脸，嘟着嘴，气呼呼地跑到我面前，扔下一句：“老师，某某要把我的笔拿回去。”一听这说辞“我的笔”“拿回去”，我就知道女孩子之间的鸡零狗碎，能让她们惊天动地地度过整个小学时光。

另一个女生来了胆怯地看着我，说话的声音犹如蚊虫嗡嗡作响，我要附耳才能听出究竟。与蓓蓓那理直气壮的样子，形成鲜明的对比。原来，女生有了一支新的笔，蓓蓓喜欢就提出交换。女生不愿意以新换旧，蓓蓓就强行拿走了她的笔，不肯归还，甚而跑到我面前，恶人先告状。

再后来，蓓蓓前座的男生父母跟我打了长长的电话，告诉我：“儿子的背上，点点滴滴都是水彩，全是蓓蓓干的。”证据确凿，然而她开始向我大倒苦水：“老师，他总是喜欢转过来跟我说话……”“是她向我借尺，我不借。她就用水彩笔在我的衣服上画画……”“谁让你不借给我？”

再后来的一个晚上，我接到了蓓蓓妈妈的电话。电话那端，也是生气的声音：“老师……蓓蓓说科学老师很凶地骂她，就因为她作业没完成……”

一个周五下午，蓓蓓的父亲来了，特地从上海赶来，一脸忐忑，一眉头的焦虑，满身的小心翼翼，我还是第一次见到他那般如履薄冰。

没事，咱们一件事一件事分析，一件事一件事解决。

避重就轻、偷换概念，是她的强项。放进自己的笔袋就是自己的了，模糊前提是双方自愿；寻求帮助就应该被满足，忘了别人对你的付出是情分并非本分；批评变成“骂人”，模糊骂人是污言秽语是侮辱人格。一切的模糊，都是为了转移焦点——自己犯下的错。

另一个潜在的问题，那就是她欺软怕硬。那个小女生是全班最小最胆怯的；那个男生坐第一个位置，是个子最小最弱的，而科学老师——说实话能凶得过我吗？

父亲尴尬地笑了，点头说：“是，是，是。她除了怕我，就怕你。”他搓了搓双手，问：“那老师……怎么办呢？”

“实话实说，蓓蓓刚转进来时，爷爷每周都会到学校来询问孩子近况，外婆也是凡有纠纷必到，全家都是有文化高素质的人。那么，咱们开诚布公地说，孩子变成这样，大人就没有责任吗？孩子是一张白纸，你们在上面画了什么？”

父亲说：“是。我长期在上海工作。她妈妈也忙，都是孩子外婆在带。隔代带孩子，难免会宠溺。她三年级了，连上厕所都要外婆擦帮忙……”

我瞠目结舌。

父亲难堪地说：“目前，我不可能回来。可孩子的事，迫在眉睫。您看……”

这时下课了，蓓蓓在走廊上蹦蹦跳跳，突然看见了父亲，一瞬间就安静了。父亲朝她招招手，跟她说了一大堆的道理，孩子点头。她都能明白，可她没法坚持。没法坚持的原因，在于那个强有力的支撑离她太远，鞭长莫及，是很多家长的难处。而她恰又是一个需要时时刻刻提醒的孩子。

来吧，我们尝试：

明确父母才是孩子的监护人。孩子除了需要吃饭穿衣，更需要心灵的呵护。老人家年纪大了，心也宽了，眼里容得下孩子身上所有的错。所以，及早回归到监护人的位置上。如果你无法做到空间上的近距离，至少要保持心灵上的亲密接触。那么，每天给孩子一个视频电话，就简单的聊天，聊聊今天发生的事，既是对她的警醒，更是父女之间的交流；你现在不需要她，未来她也不需要你。你们会彼此错过最需要对方的时刻，就是她还小和你已老的时候。

作业呢，每天拍下作业本，发到父亲的手机，远程汇报。谁叫你是父亲，且是一个在孩子心中高大威严的父亲呢！完成得好，一定要夸夸她；没有完成，也要监督完成再远程汇报一次。如果教育和说理，对一个孩子来说是无效的，那么就只有通过行动来纠正她在认知和行为上的偏差。

蓓蓓爸爸连连点头，不妨试试。每个孩子的灵魂都是独一无二的，总会给你惹出别出心裁的麻烦。那么多年的教育教学工作，都没有办法整理出一套“放之四海而皆准”的神法来点石成金。但是，教育的过程犹如神农尝百草，总有一种方法，可以微调孩子的方向，使她走回到更为明媚的世界里来。

四年级了，我看见蓓蓓和其它三个乖乖女在走廊上拉着圈玩游戏，说说笑笑，好不开心。当然，也有人会跑过来，跟我告状，痛诉她的不是。然而，蓓蓓再也没有来过。也许友谊的快乐远胜于那些批评的不悦与孤独的痛苦。

四年级下半学期，浙超联赛开幕式上需要一个足球操演出团队，我们学校荣幸参与了。蓓蓓也被挑中了，她那个欢乐与积极，远甚于过往的一切。6月的高温下，可爱勇敢的孩子挺着最精神的脊梁，红扑扑的小脸上全是黄豆般的汗珠。就在闷热的体育场里，他们前所未有的认真，坚持着一次又一次地彩排……尽管他们知道观众席上谁也看不清200个孩子里任何一张脸，可是，他们那么愿意地训练着。期间，有男生退了，有女生病了，蓓蓓依然坚持到了最后，站到了演出的舞台上。那天活动结束，朋友圈被爸爸妈妈们的视频刷屏了。那是她第一次给了爸爸妈妈荣耀与骄傲，还有希望与信心——原来，她真的可以做到。

很久很久之后，鲜少出场交流孩子问题的妈妈终于给我打了电话，我们聊了很长的时间。印象最深的是她妈妈说：“现在，我已经把她接在身边，每晚跟我住在一起。我真的很后悔，年轻时不懂以为我妈可以带得很好。现在才知道，妈妈的妈妈也永远不能替代妈妈。”哦，不晚，一切都来得及。蓓蓓才五年级，已经交到了优秀的朋友，这是对她的肯定，也是鼓励，更是机会，有机会一起成长为更出色的人。

我愿意携手与你们全家共进，是因为2015年的9月1日，那个一脸尴尬的父亲来到我的办公室，揉搓着双手，难以启齿的样子，最后委婉又直接地说：“老师，我的孩子不是能干。她有多动症，现在一直在治疗，上课不认真听，作业不愿意写……关键还总是影响别人……这是我不得不给她转校换个环境试一试的原因。”

那是十多年来，第一次一个家长那么坦诚地告诉我孩子的问题。我在他吞吞吐吐的言语里，深深明白一个父亲的走投无路、孤注一掷与全力以赴。可是，真的没关系。我遇到过很多极富个性的孩子惹出层出不穷的是非来，但没有一个孩子是坏人。只有成人的世界，才有坏蛋吧。在孩童走向成人的道路上，我们要极有耐心地陪着她，帮帮她，必要时不得不举起她——她才能抓住高高在上的机会，实现人生的小小转身。

所以，一切都不晚。并且，永远不晚。

后续故事分享：

2018 年 3 月 14 日下午，我收到校长发来的一张图片。图片上是一份不记名的问卷调查结果。问卷上写着：从一年级到现在，我遇到了不少好老师，最值得一提的是（★★★）老师。因为：老师很关注我，也很鼓励我。在这里我很高兴，在我还没转过来之前，老师对我没有什么希望。只有周老师对我很看重，是周老师把我从自 bào 自弃的心理中拉出来！

我一看字迹就知道是蓓蓓，就问她：“你在问卷上写了什么？”

她腼腆地一笑，说：“没什么。”

真好。那是她的真心。我替她开心，因为她再也不会自暴自弃，每天过得简单快乐。她感谢的是我，但是深知这是家长们和我们共同努力的成果，当然最重要的始终是孩子自己。

6 爱因斯坦和他的爸爸

爱因斯坦，现代物理学之父，他卓越的科学成就和原创性使得“爱因斯坦”成为一个词——“天才”。小时候的爱因斯坦体弱多病，不爱上学但热爱读书与思考，尤其痴迷数学。以前的班里有一个男孩，也体弱多病，不爱上课，且口齿不清，另外笑点极低。很容易就发起笑来，接着唾沫横飞，傻里傻气的样子。可是，这个男孩每次数学考试，几近满分。尽管他字迹糊成一团，老师要睁大眼睛找到答案。起初，我们把他的位置安排在第一个，试图把这个“数学小天才”变成一个“德智体美劳”全能型人才。后来，不堪忍受他对课堂的无视以及对别人的影响只能挪到最后。他倒好，偏安一隅，自得其乐，霸气的是数学成绩依然笑傲全班。

下课了，整个班级加走廊都成了他的天堂。瘦瘦的他，在教室里穿梭，在走廊上奔跑。摇摇晃晃的样子，仿佛大风吹偏了他的身体。我一直以为他怪异的姿势，是因为他调皮捣蛋。直到一次大课间活动大家一起跳绳。别人挥舞着绳子，发出“嗖嗖嗖”的声音。而他捏着绳子，双脚蹦蹦跳跳，双手随心所欲地甩，一脸的笑意好像在闹着玩。我走到他身边，他才收起笑，继续卯足劲来跳，涨得脸都通红了。一分钟很快过去，他只跳了——7 个。再后来的大课间活动，他总是尴尬又熟练地拎着跳跳球走到对面；接力跑时跑着跑着就跑到别的班级去了；仰卧起坐的垫子上永远躺着一个起不来的人就是他……他运动协调能力极差，也早已习惯来自周围的惊讶、不解和嘲讽。

他习惯了，我还没能习惯。由于他运动协调能力差，一动起来受伤的就是他周围的人与物。有一天，卫生委员诉苦：班里的扫帚不是缺胳膊就是少腿的，没有一把能用的了。这都是他在扫包干区的时候，一会儿拼命划水泥地，一会儿做抛物线运动。扫帚哪经得起折腾？那就给他老爸打电话，叫他赔偿。不一会儿，6 把簇新的扫帚已在卫生角严阵以待，而他老爸早已不见踪影。

酷爱把玩扫帚的他，值日时又挥起了扫帚。人家可以挥出金箍棒的架势，他呢，最多是打狗棒法。他那个摇摆不定的身子略微一偏，正在扫地的女孩漂亮脸蛋上被划出了淡淡血痕。他父亲又来了，带着女孩和她的父亲一起去了医院。再一次，他在走廊上欢蹦乱跳，歪歪扭扭又东倒西歪，一不小心就撞倒了一个女生。女生的膝盖破了……当晚，女生的爸爸给我电话：“这个男生，我知道的。一二年级的时候，就喜欢在教室里抛书……有些包书皮用久了塑料会硬化，很容易就擦破别人的脸……上次就把一个女生的鼻梁这里划了一道，是不是？我的意思就是——如果你们老师实在没法开口对他的家长说，那么我们几个家长来！”

女生的爸爸向我表达了不满，自然这背后还有一群家长的集体不满。这份发酵的情绪，大部分是对这个孩子，还有一小部分是对我。于是，我必须登门拜访，去了男孩的家。

听说我要去家访，爸爸妈妈都从公司里回来了。全家5个人都在客厅里迎接我。他一脸腼腆的严肃，毕恭毕敬地坐在小凳子上，怯怯地看着我。他知道自己犯了错，也很快地承认错误，承诺下次不再犯。那一刻，他当然是真诚的。下一秒，故态复萌也是必定的。看着他局促的样子，爸爸拍了拍他的肩膀，说："好了。相信你会更好地控制自己。来，给老师表演一个你拿手的。"

他爸爸从抽屉里取出一副扑克牌给他。他很快地取出扑克牌放在茶几上，抽出3张很快就搭了一个三角形，接着又并排搭了四个。我第一次见他修长的手指如此灵巧，全然不是那个无论怎么跳绳子都会缠着他脚的"小笨爪"。"开始搭第2层了。"他自言自语地说了一句，就开始抽出一张牌，屏住气息，手指轻轻捏在扑克牌的一个角，小心翼翼地放在两个三角形的顶上。如此连搭了一座桥后，开始搭第3层。他深吸一口气，双手各拿一张牌，轻松地搭了一个三角形……一直搭了4层……他屏息凝神，判若两人。

顺利搭完4层后，他长舒一口气，看着老爸和我，似乎渴望得到赞美。老爸说："已经很厉害。试试再加一层。"他笑了，那傻傻的样子，就是教室里的模样。接着搓了搓手后，又开始搭……大家也随他一起屏气凝视，可惜……"哗"的瞬间坍塌。老爸带头为他鼓掌，我也鼓起掌来。他还是傻笑着，说："试了100遍都有了。真是我的劫数啊！"唾沫依然横飞。

他老爸问："老师，能让他带几张扑克牌去学校吗？"

当然可以。那时的班很神奇，每个男孩子似乎都较着一股劲，都要有样拿得出手的本领才有立足之地似的。有几个男生是足球队的，征战各个学校，活力霸气；有一个男生在网上自学魔方，在学校的"魔方争霸赛"中获得亚军，手指灵巧得像个魔术师；还有几个常为我们表演花式溜溜球，玩得炉火纯青，拽拽的样子异常生机蓬勃。他们都喜欢争相表演……他似乎曾一无是处，后来他的"扑克搭塔"又成了班里新的一绝，无人可以媲美。课间，有几个男生围着他的座位，大家一起屏息凝神，不时发出"小心小心""哎呀！可惜了！"的感叹。我问："这个5层算厉害了吗？""当然了啊。老师，你试一下看！""不试！老师也要面子的！"他又大笑起来，笑得停不下来，傻里傻气的。"老师，他是班里最厉害的了。没人比得上他！"哎哟，这下他不笑了，也不说话了，一本正经地开始表演了。

他爸爸说："他好像比同龄的孩子要嫩，可能是家里对他的照顾太周到。以至于他的运动能力、协调能力，甚至语言交际的能力都没有得到足够的发展。但我知道他内心是善良的，只是无法自控。说道理没有什么用的时候，我就只能帮他收拾收拾烂摊子，慢慢地等他长大。已经懂事很多了，一二年级的时候，你不知道下课都是被老师拽在身边的，恨不得用根绳子拴着。因为只要放手，立马闯祸。

他是很聪明的孩子。他上课不听，作业也是胡乱写几个字。可是，他数学尤其好。数学老师说，他只对难的题目感兴趣。如果有人答不上来了，他才会举手说要试试。我并不觉得全部不好。已经会的东西，不听也罢，对难题具有挑战的勇气和征服的欲望，就是上进心。他不是不愿意听，只是对语文、对简单的数学不感兴趣。你看他搭桥牌的样子，那么专注。我也就是让他试试玩玩，真没想到就玩上瘾了。

爱因斯坦小时候也不爱上学，可是他对数学有着极大的兴趣，并保持学习高度的热情。我和他妈妈都是还不错的大学毕业，各自经营一家公司。我对我的儿子有极大的信心。至于他对同学造成的伤害，我会向家长们致歉。此外，谢谢您允许他带扑克牌去学校，这样他课间会少闯点祸了。"

我照单全收。因为他真的是个极端聪明的孩子，就是咱们班的小爱因斯坦。语文垫底，数学拔尖；运动白痴，理科天才。没有一节课会听，可他的数学永远高高在上。尽管他的字迹乱作一团，可他的答案是正确的。我们必须承认这个世界就是存在怪才偏才，学校教育的枯燥乏味令他无所适从，但他就是有一方面强大到叫人刮目相看。物种的优越性，正在于它区别于同类的差异性。千篇一律的高级，无人问津；独树一帜的平凡，夺人眼球。对于这样的孩子，我们唯一能做的就是——呵护他的特殊才能，刨去灵魂上的尘垢，期待他在成长中渐渐发光发亮，露出金子般闪耀的光辉，一如爱因斯坦以他的独创性成就自己成为"天才"的同名词。

后来的他，当然很少惹是生非，虽然在运动场依然会引起哄然大笑，跑着跑着，他还是会从 1 跑道偏到 2 跑道，再偏到 3 跑道，不由自主，不受控制。他还是会红着脸。可是，有什么关系呢！没有人会要求一个爱因斯坦还是一个运动健将，是一个诗人作家，还是一个米其林厨师。他只要做好一个真正的爱因斯坦就好。

他的身体可以缺一个好的方向盘，但他的人生不能。而亲爱的爸爸妈妈，你们就是！

7 “小爆竹”熄火记

01

“小爆竹”顾名思义容易上火，点火即爆，殃及池鱼。

那一次，他从厕所回来，一路狂奔，个头不小的他有长腿一对，跑起来，就是风中的少年。下课的走廊都是人。一不小心就撞到了班级里最大最壮的男生，一下子就跪倒在地膝盖疼得钻心。这还了得！他即刻“燃”了起来，怒气冲冲地蹿到后门的位置边，拿起高个子的纸质铅笔盒，撕了个稀巴烂，解恨地扔在地上。又跑到我的办公室里告状：“有人把我撞倒了，膝盖都糊了。”简单处理他的伤口后，我把高个子叫来一起处理。

了解清楚全部经过，我对“小爆竹”说：“这次可全部都是你的错。一、人家在走，你在跑，你是危险行为；二、幸好今天被你撞的同学比你高大壮实，万一是个小个儿，还不被你撞飞？”他闷声不响，气呼呼的样子。至于铅笔盒，高个子倒是大度说算了。小爆竹还是生气地扭头就走。

他永远一副气鼓鼓的样子，仿佛随时一触即发。每天的晨会课上，我们会分析班级近况，表扬该表扬的，批评要批评的。考虑孩子们的面子，表扬都会点名，批评就指出现象。奇怪的是，只要我指出某种不良现象，“小爆竹”就埋着脑袋，气鼓鼓地说：“没有！我没有！”我说：“我没有说你。”他又强调：“没有。反正我没有。”有时，也会换个说辞：“不是我！不是我！”

如此彪悍的角色，我一直以为会是运动场上的斗士。运动会上足球绕“8”集体项目，由他压轴出场，冲刺冠军！跌破眼镜的不是他的技术和速度，而是他紧张到双腿颤抖不止，竟在终点线前狠狠摔了一跤。我们与冠军完美错过。

强悍的外表之下，有一颗敏感脆弱的小心脏。进一步得到佐证，是在期末的音乐课上，他随便说话，被老师点了名字。他也是条件反射地辩驳："我没有说话！"老师生气的不是他说话，而是铁铮铮的事实面前怎么能堂而皇之地抵赖？老师说："那你找个同学帮你证明刚才你确实没有说话。"他说："全班没有一个人肯相信我的。"

这事儿有点严重了。我请她妈妈有空到学校来一趟。那天傍晚，妈妈就来了。

"他好像脾气挺急的。在家呢？"

"一样。老爱顶嘴，跟爷爷顶，奶奶顶，有次我批评他，还摔我的门。最怕的就是他老爸，因为老爸会揍他。"

"好像一家子都是急脾气。上次，他踢肿别人的嘴巴。他奶奶来了在办公室就打了他巴掌。这……不太合适。"

"是啊。全家都是急性子。我跟他们说了。没什么用。"

"急性子的人很多，倒不是大问题。最关键是他现在说'全班没有一个人肯相信他'。其实，不是同学们不信任他，而是他不信任同学们。"

"是啊。总在家里说老师和同学们都不信任他，上学没意思。不想来上学。"

一个动不动就发脾气打人还经常嘲笑别人，犯了错死不承认的人，成绩再好也没人愿意跟你做朋友。孤独，似乎是"小爆竹"的宿命。我从抽屉里取出期末评优的投票结果，递给她妈妈。

第二天，妈妈给我打电话，说昨天把选票结果给他看了，还跟他说了："你说没有一个同学信任你，事实是有 13 个同学推荐了你，你对得起这 13 张选票吗？你说老师不信任你，再看看前几天老师叫你修改的作文去代表班级参加比赛，不是对你的肯定吗？你确实有许多缺点，但也有更多的优点——成绩好，字漂亮，作文棒！并没有人因为你的缺点多，态度恶劣，就抹杀你的优秀。那么多同学信你，你呢？""小爆竹"不辩解，只是默默地捧着选票单。

这真是外表强悍内心脆弱敏感的"小爆竹"！要彻底解决他的问题，必须从内心去化解他。很少有人愿意相信，痛苦都是自己造成的。我们都认为是这个世界亏欠了我们，使我们没有能力得到快乐；在我们得不到快乐时，就会把责任怪在最靠近我们的那个人身上。他就是这样一个人，但他还是一个孩子，更该被温柔对待。

02

因为爸爸妈妈工作很忙，他一直跟爷爷奶奶生活。有次他一脚踢肿别人的嘴巴，来处理事情的也是他奶奶。奶奶到办公室的第一句就是："他爸爸在上班呀，打电话给他干什么？我来带小孩子去他妈妈医院就行了。"我解释："给你和他妈妈都打了电话，没人接。所以，给他爸爸打了电话。而且，小孩子的监护人是父母，最好当然是爸爸妈妈来。你们都年纪大了，辛苦了一辈子，都该好好休息，享受生活。教育小孩的事，还是父母来吧。"奶奶倒是尴尬地连说"是，是，是"。

每一个"小爆竹"后面，都有一个甚至一群"大爆竹"吧。妈妈头疼的是，多次提出不要再用暴力，都被其它人置若罔闻。他是个聪明的孩子，学习上进，成绩优秀，可是成了不受欢迎的人。每个孩子都会犯错，如果他真诚地承认错误，就要好好保护他那颗坦诚的心。如果承认错误，依然会得到一阵暴揍，死活不承认，才是唯一的出路。妈妈是全家唯一性格温和的人，只有她能改变他。随着孩子年龄的增长，他需要的不再是衣食住行上简单的照顾，更多的是心灵的沟通，是正确理念的引导。只要不加夜班，"小爆竹"就回家跟妈妈一起住。妈妈会陪他看书聊天，还会哄他说："老师今天跟我发消息，说你最近进步很多。真是长大了。"也恳请我能多多表扬他。我会，因为"小爆竹"身上还有许多优秀的品质。

03

新学期到来的第一天，我们要介绍传统节日和节日风俗以及在节日里的假期生活。意外的是，他也冲上了讲台。PPT 做得不错，画面干净、语言简洁、还有家人放烟花、吃汤圆的照片，他低着头，腼腆着念完。念完，还不忘说："谢谢大家！"看他，气定神闲地尴尬着，是有备而来啊！那天晚上，给他妈妈发了消息，表扬了他。

他内心有许多渴望，渴望被关注、被表扬、被喜欢。尽管他有一段时间孤独到了不愿上学的程度，但是他依然坚持来了。他对知识的渴望超越了内心所承受的痛苦，尽管这痛苦是他自己造成的。这已经是一个很棒的孩子。那个时候的他，多需要有一个温柔的妈妈，能像对待幼儿园的孩子一样哄哄他，让他有继续前进的勇气和力量。多渴望当他犯错勇敢承认时，仍是那个“知错就改的好孩子”。曾经美好的待遇，随着年岁渐长全部消失殆尽。大人们越来越不耐烦，越来越不宽容，似乎都忘了他高大的身体住的只是一个 10 岁的小朋友。幸运的是，他找回了一个细腻温和的母亲——一个优秀的护士长，是职业也好，是本性也好。这份似水柔情，熄灭了“小爆竹”内心如火的戾气，治愈了一个少年孤独的心。

刚刚结束的秋游活动中，我举着相机捕捉孩子们的笑脸以及他们吃货模样。当镜头对准他的脸蛋时，这个内心傲娇、曾经紧张到在足球场上摔跤的男孩，突然大方地笑了起来，黝黑的皮肤，露出四颗洁白的牙齿，还有两个可爱的酒窝……

8 灵活的胖子

我也曾问我 7 岁的儿子：“你说好看重要，还是有趣重要呢？”

他答：“有趣。”

“为什么？”

“光好看没什么用，有趣能逗乐别人。”

我在想：小 P 孩，你是不懂长得好看是件多骄傲的事。一个人拥有美貌，那是老天对他的宠爱。可这稀缺的资源，并非人人都能拥有。有趣，确实能逗乐别人，但也能逗乐你自己吗？

欣慰的是：长得不美的你，无法领略美貌的好处，却更加看重灵魂的意义。这何尝不是老天对你的另一种垂青呢？

01

班里有两个小胖，都因为长得胖再加上近视，眼睛被挤得只留下两道缝隙。一个沉默寡言，很少会笑；另一个黑而粗糙的皮肤，两颗兔牙，笑起来有那么一点可爱。他们分置教室最后一排，一个与能言善道的活泼女生同坐，一个独坐。因为一个内向，一个聒噪。

聒噪的小胖，在三年级时就给我留下了深刻的印象。在口语交际、综合性活动以及班队活动中，都会看到他活跃的身影。有时，叠着大大的肚腩，一手拿着用作业本卷的“话筒”，一手不断变化手势，俨然一个资深主持人；有时，舞台中央，撅着屁股，随着音乐，欢蹦乱跳，各种夸张舞姿，完全一个“灵魂舞者”。全班哄堂大笑，他依然绷着一张严肃的脸，极尽附和音乐，跳出最好看的样子。

学校艺术节，我们班团体节目是舞蹈《青春修炼手册》。中间有一段间奏，是他和另两个男生的自由发挥，当真他跳得最热情奔放，毫不拘束，毫无压力。有评委老师笑，调侃：“你们班找不出身材更好一点的了？”是啊。他们在网上自己买的服装，他要的是最大号。可是，他实在绷得紧，屁股暴突，衣服撑得变形，耍起帅来还那么认真自信，仿佛他们三个真就是TFBOY！那段舞蹈，我看一次就笑一次，说：“挺好的。他就是来负责搞笑的。”

“我就是来负责搞笑的。”就是他的口头禅。无论主持活动或者表演小品、单口相声，他都是负责搞笑的男主持人，语言的表现力一般最多是个话唠，贵在身体语言的丰富与夸张。这身体语言如此具有喜剧感，当然与他是个小胖分不开。这“灵魂舞者”的气质，却与他的爸爸有着密切的关系。

第一次见他爸爸，是在他和另一个男生发生了不愉快的事件。爸爸在接到孩子妈妈的电话时，还在杭州办事。不久，就打电话给我：“我已经在高速上了，请一定等我回来处理这个事！”一直到5点多，他来了，长一张并不和善的脸，细小的眼睛里都是怒火。等我们把整个事件捋清后，他说：“今天我来学校，是因为这不是一件普通的打架事件。男孩和男孩之间打个架，不是正常吗？哪个男孩不打架呀！我们小时候打得头破血流都不当回事！可今天的问题是你不能扒他的裤子。这不是个男子汉干的事！所以，今天再忙，我也得来处理这件事。”不论爸爸的态度如何，我们可以理解成一个父亲对于事件性质恶劣的本能反应。打架骂人这些鸡零狗碎的小事，妈妈跟妈妈处理就行了；一旦涉及侮辱性质或者有可能朝着更为恶劣的方向——“校园欺凌”发展的恶性事件，他表现出了一个父亲应有的气概。有了这样的父亲，就有了生活的底气。事情解决后，他爸爸私下跟我说：“孩子长得胖，营养好，以后才能长得高长得壮。可我们这儿的孩子普遍都长得跟个豆芽似的，他呢也就比别人胖了那么一点，我是怕他被人笑，被人欺负。所以，得给他做后盾呢！”

难怪小胖嘴里常挂着“我爸爸说……”父亲在他心里有着绝对的地位，那是他强大的依靠，也是他成长的方向。有一次，他说：“我爸说了，男人嘛，主要就是要幽默要有才。网上不是说了吗？好看的皮囊千篇一律，有趣的灵魂万里挑一。我长得那么有趣，灵魂肯定万里挑一。你看看，那个贾玲，再看看小岳岳……都红成啥样了啊！他们要是个瘦子，能有今天的成就吗？”说完，哼唱起《五环之歌》。

当然，也有被批评的时候。这小子，不但是个话唠，还是个爱哭鬼。有一次，语文没考好，一拿到考试卷就趴在桌子上嚎啕大哭。我说：“你就好好哭一场吧，哭得惊天地泣鬼神的。回家再问你爸这样好吗？”果不其然，第二天他回复我说：“我爸说我有点娘。作为纯爷们，我发誓绝不会再有第二次。”有个细腻又爷们的父亲，对儿子该有多重要。

为了让他变得更阳刚一些，爸爸提及了香港武打明星洪金宝，人家是有真功夫的。你是个胖子，有力气就是优势，但胖子最大的问题是不够灵活。如果你是个灵活的胖子，那你就结合了两大优势，必定不凡。再看姚明，多高多大看起来多笨拙的一个人，可他一上篮球场，你就知道啥叫王者。所以，“胖”根本不是问题，关键看你够不够灵活。这话深深刺激了“小胖”。可小胖不喜欢运动，怎么办？那就跳舞吧！

这位“灵魂舞者”最爱即兴发挥。只要音乐响起来，他就能扭起来，任何场地都能成为他的舞台。竞选班委时，小胖往台上一站，开场白：“今天我要竞选的职务是文艺委员。大家知道我是个小胖子，不过我要告诉你们：我是一个不一样的胖子，因为我有一颗灵活的心……”说完竞选词，他就卷起竞选稿做成“话筒”，开始他的才艺表演。他一脸严肃地唱，无比认真地跳，中间还会把“话筒”递给大家，对全班的同学说：“大家说我唱得好不好？”同学们调侃地说：“不好！”大家笑。他“嗨”地自嘲了一下，接着再问：“大家说我帅不帅？”大家继续调侃地说：“不帅！”又是哄堂大笑。他撂下一句：“我幼儿园的时候，我爸就带我去 KTV 练歌了。人称 K 歌小王子。你们懂不懂艺术？”好家伙，全票通过，自然当选。

由此，“灵活的胖子”成了他的美名。

02

一个人的痛苦往往源于对现实的不接受。随着年龄的增长，善意的谎言在赤裸裸的现实面前，常常似衣不蔽体、捉襟见肘。一旦被孩子发现和揭穿，那种痛苦具有毁灭性。这时候，面对比无视勇敢，接受比逃避有用，引导比说教有力。因为成长本身就是痛苦地蜕变。

我们班还有一个内向的小胖。每每看到他躲闪的小眼神，就替他着急。于是，找他爸爸聊过，将“灵活的胖子”当作成功的案例介绍给他，希望他能得到些许启发。

爸爸说：“我们在减肥，只是很困难。”

我说：“减肥当然是个不错的方法。可是，也许等你减下来，他沉默寡言的习惯已变成了一种性格。”

“是的。另外，为了减肥，他有时候都不吃饭。这哪是减肥，简直就是减命。”

“可以一边减肥，另一边找找他的优点或者兴趣爱好，不断放大、强化、升级，变成令他骄傲的武器，就能召唤他失去的自信。”

“他特别爱看书，逻辑能力也比较强。说话也老气横秋的。麻烦老师，上课的时候多叫他回答问题。”

我倒是想起来，他坐在最后，因为平时沉默寡言，确实被叫到的次数不多。我特别留意了他，不时会叫他回答。渐渐的，他竟成了课堂问题的终结者。他观点独到、语言简洁、用词严谨，简直比“标准答案”还要出色。偶尔，精彩到叫同学们自发鼓掌的程度。原来，爸爸经常和他交流，生活的感悟，人生的哲学，名著中的智慧，使得小小年纪的他，卓尔不群。

谈起陪孩子一起思考人生，爸爸还提及了前阵子在新浪微博上走红的邵同学写的文章《第一次奋进》。爸爸也读了，发现能写出这样的文章并非妙笔偶得，而是从小就跟着父亲一起阅读了大量书籍。一年级时，邵同学就在父亲的引领下阅读了《道德经》，到了四年级已经全部背出。五年级时，邵同学已开始冥想人生，写出了很多的逆天神文。小胖的爸爸深受启发，也学着慢慢丰富和深化小胖的精神世界。

五年级期末模拟考试的作文，写的是“距离”。小胖给我们带来了惊喜。他写的是一篇散文，写得是白天与黑夜的距离，生与死的距离，告别与重逢的距离。考场之上，短短的时间里，小小年纪的他，竟能从容笔对，写出了哲学的高度。而这篇佳作，也让大家看到了同龄人与他的距离。

我真应该告诉他胖与瘦的距离，不过是一颗精彩绝伦的灵魂。而你们都有，你们都是灵活且美的胖子。

9 明星梦

这个女孩，不是我的学生。她的妈妈，是衣服店的老板。我常去光顾，是骨灰级老客，也是十几年的老朋友了。眼见她把生意越做越红火，老公也辞职和她一起经营一家服装店，一家小店扩至四家店面，请了数个员工帮忙。生意好了，人忙了，女儿就顾不上了。妈妈一直很抱歉，对女儿的付出太少，因此唯一可以为女儿做的就是尽力支持女儿做喜欢的事。

女儿长得像爸爸，没有得到母亲美貌的基因，但是渴望成为一个大明星。小时候，爸爸妈妈都在店里忙着生意，小女孩就在家里做两件事：看电视和画画。有一天，她告诉妈妈：“妈妈，将来我想做明星。”妈妈说：“好啊。支持你。”女儿很高兴，整天就在白纸上画自已——一位美丽的公主或者一个漂亮的女明星。

“她根本就不知道自已哪里有她画得好看。”妈妈跟我说起来，就哈哈大笑。每个女生，都有公主梦或者明星梦。毕竟万千宠爱和星光灿烂，是绝大多数女人的渴望。妈妈打开手机给我看她女儿的画。哎哟，画的人物还真是顾盼生辉。“但你知道女明星嘛，颜值必须高。”妈妈收起手机，摇摇头，说，“跟他爸爸商量了，找了个老师，送她去学画画，一对一的，就当有个人管管她。”这一学，就是几年。

有一次，妈妈开了个头：“怎么办呢，我女儿？”

“怎么了？”

“喜欢吴亦凡，喜欢迪丽热巴，觉得大眼睛、高鼻子、瘦得像个纸片人，是明星标配。”

“那你拼命挣钱，正好给她建立整容基金。”

“用不着。再过几年，应该会知道自己不是那个料了。”

确实，小姑娘小学高段的时候就再也不提“当明星”这码事了。一提就觉得丢人啊。有些顾客阿姨在跟她妈妈闲聊起小姑娘儿时的梦想，小姑娘就背起画板，说：“走了，上课去了。”后来，大家就再也不提了。

人人生来觉得自己是个例外，渐渐长大，发现和别人活得大同小异。这个女孩终于从“明星”梦中醒来。有个周末，到她老妈的店里，正式宣布：“今天，我宣布彻底放弃我的明星梦！接下来，我就想做一个画家！”妈妈一脸茫然，爸爸用宽容的笑看着女儿，说：“我的女儿这么漂亮，不做明星可惜了咯！”女孩爱爸爸，挽着老爸的手，撒娇：“还是老爸最爱我！”

女孩最亲的是她的爸爸。因为小学六年的大部分时间都是爸爸在打理她的一切，管吃穿住行，管学习成长。老爸说：“我最得意的就是我女儿画画好，作文好，还懂事能干。”因为有作文和绘画两大特长，所以经常去比赛。爸爸妈妈没时间陪她啊，怎么办？第一次爸爸帮她想了办法：“不如你约几个去比赛的同学，到时候麻烦人家的爸爸妈妈带你去，再带你回来？”公立学校的孩子基本上都住得近，这又是件好事，同学的爸爸妈妈都很乐意。接下来的几次，就不用爸爸再替她操心了，她都能自己搞定。等到六年级，有一天小姑娘给妈妈发了一条短信：“妈妈，我在市里的征文比赛中拿了一等奖，下午要去参加现场作文竞赛。我已经和同学约好一起打车去打车回。”妈妈跟我说起的时候，不停地说：“哎呀，真的很乖。我都不知道她拿了一等奖。我真的觉得对不起她，在她身上花的时间太少了。”有了妈妈的放手，还有爸爸的陪伴，渐渐就把她养成一个独立自主、有思想、有主见的人。

小学毕业的那个暑假，小姑娘对妈妈说：“我在网上找了一个杭州的老师学画画，暑期集中学习。你们同意我去吗？”

妈妈开始担心：“网上找的安全吗？”

小姑娘说：“当然安全啊。我跟学姐们都打听过了。她们去年就去了。”

“那吃啊，住啊，洗衣服啊，怎么办？”

“我自己会。我都这么大了。”

“干嘛非要去杭州？湖州没有好的老师了吗？妈妈给你去找。”

“我想考中国美院的附中。”

女儿淡淡地说了一句。妈妈却傻眼了。那一刻，她觉得女儿长大了，且在一瞬间就长大到立刻要离巢而飞的程度。爸爸走过来，搂着女儿，说：“哟，长大了，有思想，有目标了！爸爸支持你！不过，你要把相关的信息给我，我要去查探一下。”

“这个没问题。”父女俩一拍即合，妈妈只能同意。在女儿成长中一直缺席的她，万分失落了，因为觉得女儿长得太快，也太快就要离开她了。

半夜回家，妈妈就在床上抹眼泪。爸爸安慰她：“跟你坦白吧。这是我跟女儿商量的结果。怕你骂我出得什么馊主意。”

“干嘛要她去杭州读高中。我一直觉得她要待在家里上高中，上大学，然后在家里工作结婚……等我不干了，天天陪着她……”

“可是，女儿一直有个“明星梦”！虽然她宣布放弃了，但一直放不下。待在这个小城市，她会开心吗？她已经长大了，拥有很强的独立能力，也有独立的思想。我跟她说，‘你喜欢画画，又想要当明星。当然……当明星，你懂得，不太可能。有没有另一种方式，可以同时满足你的两个喜欢呢？’她立马就去网上查资料，加入画画的群，去咨询别人……你应该懂的，一个有梦想的人是有多疯狂。看看你自己整天把自己埋在衣服堆里，杭州整个四季青都知道湖州银泰有个你！”

妈妈终于破涕为笑。

小姑娘终于找到了一个两全其美的好办法，那就是——考上中国美院的附属中学，再报考电影学院里有关专业。虽然她不能当明星，但可以制造明星！这也算是圆了她的“明星梦”！

一个成功的人，往往就是目标明确并为之全力以赴的人。一个孩子最初的梦想往往美好又遥远，甚至有点天方夜谭。我们要做的就是帮她把梦想一点一点缩小，剥离不可能的部分，留下可以实现的核心，再慢慢地帮她理清千头万绪，清理出一条切实可行的道路，让她可以更清楚地看到目的地，看清通往目的地的道路，才能少走一点弯路，多一点时间去奋斗。

初三那年，小姑娘就自己报名，自己参加考试，最终录取。那个时候的妈妈，终于承认：“女儿太能干了！”高一暑假，小姑娘又自己在网上找学校、找老师、找住处，进一步地学习，不同的是这次的地点从杭州变成了北京。因为她将来要考北京电影学院。这一次，妈妈毫无异议，只对女儿说：“你一定会实现自己的梦想！”

10 要养，也要育

有一天下班，我走到校门口时，一个训练队的男生跟我说：“很多家长在会议室，商量黑榜榜首的事”。

“只听过琅琊榜，你们还有黑榜？”

“有。以前的榜首是刚毕业的凯凯，现在的榜首就是四年级的小歪。”

我才知道在学生中流传着一种叫榜单的东西。孩子们心中自然有他们的判断与分晓，或许比成人更加清晰和准确。

这里我想说说小歪。小歪是被另一所学校强行转学到我们这儿的，且学籍未转，只是试读。但，城市不大，大家很快就知道了他的“黑历史”，打人、骂人、搅乱课堂秩序，年轻的班主任无法忍受开始请假，到了“有他无她，有她无他”的地步。凡是小歪到校上课，班主任就请假。故此，小歪不得不转学，到了我们学校试读。

我在路上见过他，总是骂骂咧咧的样子，时不时就朝人吐一口口水。最骇人的一幕是下着毛毛雨的那天，他就躺在路中间不动，任由同学绕道而走，或者从他身上跨过。班主任老师跟家长联系，不过妈妈不来学校，最多叫爷爷把孩子带回家。

班主任请求领导邀请家长到校共同商量解决问题时，小歪的妈妈终于来了，就在校长室里，对班主任说："老师，你应该感谢我儿子，让你有案例研究，也有了写论文的素材，这样有利于你评职称。"班主任哑然。班主任请家长来的目的，是共同解决孩子的问题。家长却把问题完全推给了老师，理由如此富丽堂皇。这个可怜的班主任，大概在接小歪所在班级不到 3 个月的时间，甲状腺良性肿瘤就转为恶性，不得不请假动手术。由此，换新的班主任来接任。

小歪变本加厉。在课堂上脱裤子，朝每个同学吐口水，在校门口遇到家长破口大骂……新的班主任联系家长，家长的态度是："我儿子就是这样的。我已经无法改变了。"

终于，全班的家长集体爆发了。于是，就有了会议室里，家长们对峙小歪家长的一幕。"无能为力"再也不能成为他们"放任不管"的借口。家长们提出《未成年人保护法》中明文规定："对于在学校接受教育的有严重不良行为的未成年学生，学校和父母或者其他监护人应当相互配合加以管教；无力管教或者管教无效的，可以按照有关规定将其送专门学校继续接受教育。"

那一晚，三方商议了很久，直到天黑，大家都不愿意离去，除非小歪的家人给出明确的措施。最后的结果是：小歪暂时休学。

第二个学期，小歪再次转学，到了农村一所学校试读。没过多久，农村的学校再次劝退了小歪。最后，小歪被爸爸妈妈送到了武术学校。

我曾经去过武术学校采访，待过一天。武术学校对行规的要求，严格之至，非同一般。那时候，我们带着一群小记者在武术学校的食堂用餐。偌大的食堂，容纳了几百人，从一年级到高中不等，却鸦雀无声。原本兴奋雀跃的小记者们也敛声屏息，不敢造次。武术学校的学生，除了有文化课的老师外，还有武术教练，而行规基本上都归教练管。对于小歪这样行规上具有一定问题的孩子来说，恐怕是从天堂落入地狱。

小歪前途未卜。造成这样的局面，当然是小歪本身。那么，小歪的父母在他成长过程中，又扮演了怎样的角色呢?

小歪最后荒诞可怖的表现，在某种程度上是父母推波助澜的结果。对于老师的劝诫，对于受害者家长的质问，小歪父母在态度上的冷漠，也是可怕的。他们对受伤的孩子不愧疚，对自己的孩子不管教，甚至对班主任的态度是藐视无礼的。这在无形中给了小歪的心理暗示——父母在为他撑腰。这种潜意识，随着孩子年龄的增长，渐渐清晰，变成明确的意识，让孩子变本加厉，肆无忌惮，为所欲为。

一旦到了无可收拾的程度，父母选择处理问题的方式，只是逃避。不是孩子有问题，是环境不适应孩子。所以，换一所学校，换一个环境。最后，所有普通的学校都无法接受孩子时，不知道他的父母会怎样想。但他们选择的方式，依然不是陪伴、解决，而是推诿、逃避，把孩子的问题再次抛给学校，且是武术学校，显然父母是希望通过暴力去解决孩子心灵上的问题。

养育孩子，是父母的天职。对于孩子除了“养”，还有更重要的“育”。绝大多数的孩子，通过自身努力，通过家长与学校的密切配合，就可以轻松地度过小学时光。会有不足，但没有问题。极少数的孩子，是老师处理不了，家长也无从下手的。那就需要专业老师的介入与干预。如果这种不幸真的降临，我们只有勇敢地面对。

有个男孩叫舟舟，他在二年级时发现得了较为严重的抽搐症。这种病起初只是不自觉地抽搐，偶尔会不受控制地骂人、打人，如果不及时治疗，发展到后来就会出现暴力事件。舟舟的父母带他去杭州治疗，一直在吃药，症状得以缓解，却又出现了另一个问题——药物副作用导致的智力受损，最为直接的表现——孩子变得神情呆滞，数学始终在及格线徘徊。父亲急了，在外面找了一位退休老师帮助补一补。妈妈则当起全职太太，把所有的时间都花在儿子身上。

奇特的是，语文的词语听写，男孩总是在90分以上，偶尔错两个。所有的背诵积累作业，他不折不扣地完成。我给一些学有余力的孩子布置古文名篇的背诵，他也全部背出。妈妈说：“我总是在家里给他听听，写写，背背，默默。”四年级期末时，他还是科学免考生。这真叫人刮目相看。最近一次的期末考试：语文是93.5分。

但是，他数学却只有60分。

爸爸给我发了微信："老师，有没有什么办法？我们对他的要求和大家是一样的，他也已经很努力了。我们家长也尽力了。但是……唉……"

是的。舟舟所有成绩的获得，都比他人付出更多的时间与精力。可贵的是，他的父母从未把他放在"得过且过"的状态里。孩子已经病了，更多的家长只求"健康快乐"，其它的则不多加要求。这无可厚非，但不是唯一的正确答案。孩子也有权利选择努力的人生，选择优秀的成绩。为人父母，只有鼎力支持。

问题的出现，本身并不可怕。但是完美地避开问题，一味地期待孩子自己的成长与转化，父母却袖手旁观，才是更大的问题。尽管舟舟没有成为班级的佼佼者，数学成绩依然在60分徘徊。但是，我们看到的是他所有的付出与努力。他受到同学们的喜爱，受到老师的赞赏包括数学老师，因为他拥有比成绩可贵得多的东西。

有舍，有得。药物的副作用深深地伤害了这个孩子，但是却给了他"健康"，给了他不懈的努力，非凡的坚持以及超越他自身能力的回报。这或许是一个普通的孩子所不能被激发的超能力。

第二部分
烦恼与成长

你的孩子，只是暂时“不能”，并非永远“无能”。

一、幼小衔接不焦虑

儿子刚读大班，老师就邀请我去给家长们说说关于幼小衔接的注意事项。我觉着是不是有点太早，才刚刚读大班。出人意料的是，每个大一班的家长都听得格外认真，会后一定让我把讲稿和 PPT 发到群中和大家分享。

临近毕业，群里的家长们聊的最多的就是：快上小学了，要不要给他报个班识字，学数学？你们在哪儿读？听说要体育达标测试，怎么办？有哪些项目？标准是多少？我们要不要提前一年就开始准备？其实我在家长会上已针对相关内容分享了很多想法，但是无济于事。悬在家长们心中的就是——孩子马上就要读小学了，要真枪真刀地考试了，别人的孩子都在干什么，我们也要去干什么。

与其说是孩子们在经历从幼儿到小学生的角色转换，不如说父母们在历练从散养到圈养的变化。事实上，首先肯定是不必过分焦虑。孩子经历过从家到幼儿园的第一次转折，这不过是第二次转折，很少会出现哭闹、耍无赖等夸张表现，绝大部分孩子对成为一名小学生充满期待。其次，几乎所有一年级的家长是整个小学阶段最关注孩子、最愿意配合老师共同帮助孩子学习和成长的。通常来说，也是最友善最和蔼最耐心的，当然包括你自己。最后，一年级的第一个学期，每个月都会有“家长学校”，邀请家长朋友们共同学习，共同成长。

那我们到底要注意什么呢？

1 拼音魔法师

01

有家长朋友问我，拼音到底要不要提前学？答案是非常肯定的：要学。

我们有不少同事的孩子，因为各种原因假期里没有学拼音，有的真的很忙没时间，有的自信孩子聪明伶俐学起拼音只是小菜一碟，还有的认为拼音非常简单，正式上课后跟着老师学能保持对课堂的新鲜感……可是，结果他们都后悔了。正式开学后，每天在家读拼音，把头都读炸裂了，还是过不了关。看着别人一口一个准，自己的孩子半天张不张嘴，支支吾吾，吞吞吐吐，孩子和家长的自尊心都受到一万点的暴击。

拼音对于孩子来说，并没有想象中简单。我在假期里教黄小畅同学也是教得头昏脑涨，尤其是 b，d，p，q 这四胞胎兄弟简直要了他的小命。因此，孩子们在课堂上学习了 40 分钟后更要需要大量的时间加以巩固，不巩固的学习几乎等于白学。而小学与幼儿园的区别在于：作息时间的巨大变化，上学早、没午休、上课时间长、体育活动时间长。如此，导致孩子的体力在学校里早已殆尽，黄小畅第一周每天晚上 7 点 30 分就呼呼大睡了。如果当天的拼音没有掌握就无法早睡，晚睡则会影响第二天的学习。长此以往，就会陷入恶性循环，形成心理负担，导致孩子对学习倦怠。

社会上一度出现“批判提早学习”文章，当然是言之有理。只是，面对初入小学的第一大难点，这块难啃的硬骨头——拼音，必要的提早接触有利于孩子更平稳地过度幼小衔接特殊阶段。

另一种担忧则是对培训班和自己的不放心，教给孩子的拼音会不会是错误的，毕竟不是专业教师。那么，我们可以尝试多种方法：家里有没有读小学高年级的哥哥姐姐，他们可以是很好的老师；如果放在培训班，就要找声誉良好的老师；即便自己教，也可以下个拼音 APP 或者网上下载一套拼音教学的教材，帮助规范拼音教学。这是一个资源共享的开放时代，只要愿意学就能学得像老师一样专业，毕竟拼音是有统一标准的。

02

一般而言，幼儿园毕业的那个暑假开始学即可。过早，孩子学得累容易厌倦，又剥夺了其它方面的发展。捡了芝麻，丢了西瓜，并不划算。黄小畅读一年级前，我在网上买了一套教材，有心的家长朋友还可以在网上下载一份关于拼音教学的教案。基于儿童的特点，形象化的记忆，趣味性的话语，更能激发孩子的学习兴趣，帮助孩子更好地记忆。

学习拼音，首先要注重启发孩子学拼音的兴趣。不要机械地告诉他："今天，我们来完成一个任务，这个任务对你上小学很重要。"他不会领情。死学拼音，枯燥乏味，是件痛苦的事。为了激发孩子的兴趣，将"要我学"变成"我要学"。我一早就给黄小畅同学买了一套《森林报》的书，经常坐在沙发上，饶有滋味地看。他曾央求我："妈妈，妈妈，给我念念。""我说宝贝，让妈妈先自己看会。""我也要看。"我趁机"同情"他："真苦啊，不识字的人，连本书都看不了。"他生气了！我知道他中招了。几次三番后，他终于忍不住了："妈妈，你就快点教我认字吧。"我趁机抓住机会："认字之前啊，我们来学一种魔术吧，叫拼音魔法。学了这种魔法，你就能自己看书了。"黄小畅同学欢快地说："那快点教我。"

只要激发他学习的兴趣，就可以安排他上培训班或者自己教。教拼音的家长要注重方法。拼音是很枯燥的符号，但孩子有丰富的想象力。他们对于这些歪歪扭扭的符号常常会有出人意料的趣味解读。因此，我们可以根据儿童的特点"童话"拼音教学。比如：有些容易混淆的，更要借助富有童趣的儿歌强化记忆。yu 中的 u 其实是去了点的 ü。有这种变化的还有 j，q，x。找到规律，编成儿歌帮助记忆——"小 ü 遇到 j，q，x，y，脱掉帽子，行个礼。"或者"小 ü 遇到 j，q，x，y，擦掉眼泪笑嘻嘻。"有的家长朋友会说"我没这个编儿歌的本领，怎么办"。非常简单，请教度娘。网上的共享资源，足够大家学完所有的拼音。如果你的孩子足够棒，他自己兴许还能编出一个来。

学拼音最难的就是拼读。有的孩子单个读都会读，可是你一叫他拼读就露馅儿。“来，黄小畅同学，拼一个，t-u-”“堵。”他就把“土”拼成“堵”。由于了解拼读的困难，所以生活中我会有意识地渗透拼读方法。有一年暑假我们去旅行。乘车途中无聊，我就指着外面的大海，说：“来，你试试，h-ai，读得快。”想不到他能拼出“海”的读音。如果不能一下子拼读出来，也不必着急。日常生活里有意识地渗透，自然而然就会了。万一真的怎么渗透都不会，那就让他快速地连读，越快越好，多训练几次就能找到感觉，毕竟这是我们的母语。

俗话说：“拳不离手曲不离口。”学拼音，也是如此。就算学得不错的孩子，经过一段时间还是会遗忘。我们得保持每天足够的练读。我把拼音都写在卡片上，会对黄小畅同学说：“来吧，今天咱们比赛。你先变拼音魔术，考考妈妈；再是妈妈考考你。看谁拼得又对又快！”小朋友通常都很来劲。有时候，我会故意出个错。那是黄小畅最开心的时候，他会一边笑一边着急地指出：“妈妈，妈妈，你错了。应该是这么读……你看看你还是老师呢！”我会趁机调侃他：“哎呀，谢谢小黄老师的帮助。”儿童很天真，善意地给他挖个坑，他跳下去捡到一块粗糙的小石头，都比你塞给他的美味零食更宝贵。因为那是他探险成功后的收获。

03

读，是一种复习；用，则是更为高级的巩固。走出门外，到处都是拼音，电梯里有，高楼上有，广告牌上也有，只要留心都可以用。有一次，我们去喝下午茶，在菜单上居然看到了拼音。这么好的机会，怎么会放过？我对黄小畅说：“今天你有福了。这个菜单上有你认识的拼音，你就可以点自己喜欢的点心了。”他很得意地拿过菜单——这个曾经被他叫做说明书的东西，装模作样得看了好一会，最后还是放下来，用一根小食指慢慢地划过每一个拼音，极其认真地拼读，过了好久好久，他终于得意地抬头，装作一个大人的模样，说：“给我来个提拉米苏！”这真是一个独特的下午茶时光，在那里尝到了识字后自作主张的味道！

最后，一定要鼓励他，奖励他。十年前，我第一次参加市级赛课，由于年轻，最害怕的就是学生的答案不能达到我心中的期望导致教学任务无法顺利进行。教研员安抚我说："如果学生回答不到你要的答案，千万别着急。年轻教师最怕这点，一着急就自报答案，为教案而教学。你要这样想：孩子答不出来是正常的，这也正是他们的可爱之处。作为一个老师，要做的就是慢慢地引导孩子，找到最终的答案。这就是教学的意义。"我受益匪浅。

当黄小畅同学面对着 p 和 d 怎么都分辨不清时，我也差点急火攻心。但我不断提醒自己：每个人都是这样成长过来。我们不要以成人的智商和能力去要求一个才 6 岁的孩子，他们那么小的个子，那么稚嫩的小手，那么活跃的身体，能够坐下来和我一起学学拼音，就是他最大的努力了。于是，带着他到小区地下车库的门口，点着上面大大的 P，说："这个是什么？"他用英文念"Park"，很早以前告诉过他，这就是停车场的意思。虽然不念 P，但读音接近。他终于分清了，尽管后来偶尔还是会混淆。这是正常的。因为教育教学本身就是一个过程，我们的孩子只是暂时"不能"，而不是永远"无能"。接受了这一点，我们就能心平气和地想出金点子去帮助孩子。

我教黄小畅学拼音花了 10 天时间，并没有教得像一年级老师那么扎实。但是够用了，不至于让孩子一上学就被拼音给卡得死死的。基本掌握了后，我给黄小畅同学发了一顶魔法师的帽子——拼音魔法师，还有一本注音书！恭喜他拿到进入文学世界的钥匙，从今以后可以无限次地运用他的拼音小魔法，走进很多原本看不见的魔幻世界！

2 枕边童诗

01

黄小畅同学很小的时候就喜欢看书。与其说看书，不如说看画。最喜欢的一套就是《不一样的卡梅拉》，还有我为他写的一套《灰豆成长记》，渐渐长大就要去翻翻姐姐的《父与子》。家里就常常听到他的狂笑声，偶尔还会激动地从房间里跑出来，一定要把《父与子》里的故事说给大家听："有个男孩回家看到窗户里冒出了烟，他就去打了一盆水灭火。他从窗户里倒进去，不一会儿爸爸从大门里走出来浑身湿透了，原来那是他爸爸抽烟时冒出来的烟……你说搞笑不搞笑？”他不识字，只是看图编了个故事。那时候还在读幼儿园大班，隔天又去和小朋友分享。逗趣，能让伙伴们大笑，也能让他开心。

这个年龄段的男孩子除了喜欢温情的故事外，大多更喜欢幽默风趣。在很多同学的手中，会看到阿衰、乌龙院等这些“精神垃圾食品”。看他们笑得如醉如痴，完全释放成夸张的一张脸，我也会不禁一笑。这就是孩子，他们在这个年龄阶段，就是需要简单粗暴的刺激来舒缓精神压力。开怀大笑后的人精神松弛，也会很快进入课堂的氛围。因而，我并不排斥这些所谓“精神垃圾”。只是任何垃圾食品长期食用，必有副作用。所以，在浩如烟海的书籍中，我们需要精心筛选出既有童趣又有意思的书。

乐趣，是放首位的；其次，考虑字数简短精悍；最后考虑内容的通俗易懂。在黄小畅上一年级时，我为他备了一本《蝴蝶·豌豆花》。这是一本儿童经典童诗集，出自俞平伯、胡适、徐志摩等20位名家之手，读起来清新趣味，意境悠远。优美精致的插画，为本书添彩不少。每每与他同读，都心中忍不住叫好，也与他一起将诗歌熟读成诵。

等他稍稍适应一年级的生活节奏（大概2周左右），我们就进入了每晚的共读时光。黄小畅靠在床上等我，我就把书递给他，让他自己先挑一篇喜欢的。那时的他，对拼音已驾轻就熟，陷入极度“自我”的状态中。

有一晚，我给他挑了一首汪静之《疑问》。等我回来，他说：“我喜欢《花牛歌》，今天就读这篇。”我问：“为什么喜欢《花牛歌》？”他答：“这里很多字，我都认识了。”原来是为了显摆。那么，来吧。咱们开始吧。

他读得极慢，小小的手指点着一个个拼音，读过去，拼一个，拼完再读整句：花牛在草地里坐 / 压扁了一穗剪秋萝。

“剪秋萝是什么？”

“我们在图上找一找。”

群群点点鲜红的花，就是剪秋萝。到底长什么模样，我们拿出IPAD查一查剪秋萝的简介和图片。

他又问：“什么是一穗剪秋萝？”

我们再来查查“穗”。“穗”是指植物的花或果实聚生在茎上顶端部分。看剪秋萝是一丛丛的花长在茎的顶部，就可以叫“一穗剪秋萝”，而不是一窜剪秋萝。“穗”是多美的一个字，把剪秋萝好看的模样都写了出来。于是，他口中念念有词：“一穗剪秋萝，一穗剪秋萝。”美滋滋的模样，甚是可爱。

黄小畅从小就是“十万个为什么”。读书也总会有无数个问题，一个接一个地追问下去。龙应台写儿子安德烈时提到：对她来说，没有任何事比孩子的一个问题更重要。只要孩子提出了，便放下手中事务一起去研究和解决。我们虽不可能做得那么极致，但至少要将这作为正确的理念去引导自己在生活中暂且放下为目标而奔波的功利心，去聆听孩子的问题，帮助解开疑惑，找到真知。

他继续读，读到“花牛在草地里走 / 小尾巴甩得滴溜溜”还没读完，就忍不住笑起来。

“笑什么呢？”

“小尾巴甩得滴溜溜。”他摇摆起小屁股，好像上面也长了一根小尾巴。

“看来，小花牛很开心啊。”

他朝我笑着点点头，一个随时随地卖萌的小花牛。

一起读完后，他又再读了一遍，差不多就能背诵了。背完了，就在床上叫：“花牛哥，花牛哥……”

融入意境，感同身受，是很好的读书方法。他高兴的样子，便是感受到诗文中的快乐与轻松。这种感受最重要。即便是把“歌”错认“哥”，他恐怕将这只悠闲得意的花牛当作大哥一般的人物。在孩童的世界，万物有灵且美。这是多么宝贵的以为。

02

他还喜欢俞平伯《忆》：“有了两个橘子 / 一个是我的 / 一个是我姊姊的 / 把有麻子的给了我 / 把光脸的她自己要了 / 弟弟，你的好 / 绣花的呢 / 真不错 / 好橘子，我吃了你罢 / 真正是个好橘子啊。”哎呀，这真是一首有趣的诗。一个要着小心机的姐姐，一个憨傻无邪的弟弟。生活里，他就是被他的姐姐这样捉弄的。姐姐总是动作快，而他动作慢。好吃的菜啊或者点心，姐姐第一个洗完手从洗手间出来后，立马拿起筷子夹起一个小的，放进弟弟碗中，还不忘说一句："弟弟，姐姐挑个好的给你。"自己呢，紧接着就把大的塞到饭里埋了进去。我们一比较，黄小畅就叫起屈来，嘴里念念有词："下次再也不让姐姐欺负我！"等到下次，他姐姐又变了另一个法子把弟弟套了进去。

姐姐也会对弟弟好。有一天晚上，黄小畅突然对我说："妈妈，我已经会背《蝴蝶·豌豆花》，是姐姐教我的。"我半信半疑，他翻到给我看，不过三句："一只蝴蝶从竹篱外飞进来 / 豌豆花问蝴蝶 / 你是一朵飞起来的花吗？"他一读还是笑，就笑豌豆花傻傻的竟把一只外飞来的蝴蝶当作一朵花。

童年时光总是美好的。之所以美好无暇，正是因了一份简单纯真。他叫着"花牛哥啊花牛哥"，这份欢快真是因了对世上万物的懵懂或者不甚解。姐姐若懂了收住小心机，弟弟若懂了姐姐要阴谋，黄小畅若懂了"花牛歌"而不是"花牛哥"，若只懂了诗里的道理，便离这些美好快乐远去了，变得了无生趣。

这些儿童诗里，生活轻盈，万物灵美。稚嫩的心灵，受着诗意情趣的滋润，便有了同样明媚的世界。每次读完，就把书放在枕边伴他入眠。"花牛在草地里眠，白云霸占了半个天"。愿"花牛哥"的梦里看见半个白云天。

后记：

很久之后，我发现黄小畅的识字量和词汇量大增，不单对课文中的生字掌握能力极快，且冷不丁就冒出一些成语来。课外就不需要花太多时间和精力帮助巩固课内要求的词汇。这大概是他热爱阅读，在不断接触文字之后，自然储存起来的词汇库吧。真是一举多得，何乐不为啊！

3 严比厉有效

一二年级是学习生涯中的天堂阶段：学科少，作业少，内容简单，孩子们学得轻松愉快，分数还很好看。今天一个 100，明天一个 99.5。可我们都要保持清醒的头脑，透过这"虚假的繁荣"抓住更重要的东西，那就是良好习惯的培养。

从孩子们正式踏入校园的那一刻开始，如同按下一个启动键，人生进入了学习模式，也进入了竞争模式，很残酷也很现实。你会担心：他尊重老师吗？上课专注吗？遵守纪律吗？作业完成的质量高吗？书写是不是端正？放学回家能马上做作业吗？完成作业后会及时检查吗？懂得预习新课、复习一天的所学吗？似乎有一大堆问题无形地使人焦虑，而习惯也一下子变成具体的细节需要去注意和培养。我们诚惶诚恐地等待他放学回家，把一堆问题连带焦虑都砸给他。其实，绝大部分的孩子都能遵守纪律，上课认真听讲；极个别特殊的孩子会比一般的孩子慢上半拍，长着长着就会追上来了；真正有大问题的孩子是概率极低的情况，那就需要专业人士介入。所以，我们能做的，也正是我们需要做的，就是管理孩子业余时间，要养成良好的习惯。

网络一度疯传“行为养成习惯，习惯形成性格，性格影响命运”。其实，没有一个人能精算出命运的走向，今天的一个微小举动会产生“蝴蝶效应”，决定了未来的命运。可是，人生波动不止，变数起伏，谁知道下一个微小举动是否会拨正今日行为产生的偏差。我们也不必将这些“名言”举在头顶奉若神明，日日战战兢兢，时时想要拨乱修正，结果适得其反。一个普通人尽力做到“今日事，今日毕”便是成功，能出色完成便是大成功。

01 回家作业是第一任务

作为家长，我们要做得事情太多。与其眉毛胡子一把抓，不如先抓头等大事——家庭作业。初入小学的孩子识字量不大，需要家长很大的帮助读题来共同完成。这个阶段，你要花较多的时间陪伴。这有如婴儿学步，起初必须得有爸爸妈妈扶着走，接着是牵手走，最后才是彻底放手，由他自己去奔跑。

首先，在准备工作中，对于孩子的文具尽可能准备得简单，实用为主；房间里不要放玩具，以学习用具为主。特别拖拉的孩子，桌子上除了笔纸和作业外，其它一律拿走。

然后，制定任务表格。

一、二年级一般都在 3 点放学，回到家喝牛奶、吃点心，大概在 3 点 30 分能全部结束。那么，我们按照顺序将需要完成的事一一罗列，制成表格。

时间	项目		完成情况	
3：30—3：50	语文（写）	检查		
3：50—4：10	数学（写）	检查		
4：10—4：20	休息			
4：20—4：40	读拼音	背诵儿歌		
4：40—4：50	读卡片			
4：50—5：00	预习语文	数学		
5：00	交给家长签字			
5：10	整理书包			

注意事项：

①做作业要保持安静，不可以随意说话，中途上厕所、洗手、吃东西、玩玩具（特殊情况除外）。

②作业字迹清楚端正，不可马虎潦草。

③做到以上两点，各得 1 分。在此基础上，提前完成，追加 1 分。

最后，实施奖惩制度。

可以采用积分制，一个√就是 1 分，表现好的打☆，可以再加 1 分；打 × 的不得分，打△的扣 1 分。

积分可以换钱，也可以换礼物，还可以换时间玩耍，给予孩子多种选择。有时候，还可以根据孩子的需求制定换取的项目。

绝大部分孩子会选择玩。那么越早完成作业，就越多时间地玩，放飞自我。超过规定时间越多，玩的时间就越少。当然，还要给孩子的作业进行简单的检查，发现错误，那就要相应地减少玩的时间。

为什么非要做得好像打卡上班按分拿钱似的？我们来说说这样做的好处：

（1）设定时间，学会管理时间，避免出现作业拖拉，做作业时边吃边玩，或者上厕所、洗手，这些坏习惯。有些孩子到了五六年级写作业，一会儿出来吃点水果，一会儿又去洗手间上个厕所，一会儿又在桌子上玩起了橡皮屑。这种不良习惯直接影响他专注力的训练。在一年级时，就应注意杜绝。

当然，时间的设定可以不必那么精准，可以根据孩子的性格和学校的作业情况，将时间的长度拉宽或缩减，将项目归并或删改，留给孩子更多弹性。但始终有一点，就是孩子要在规定的时间将作业完成。

（2）学会自己检查。刚开始的时候，需要查看孩子完成的情况如何，有错就提醒他："要检查哦，检查出了这个错误就有√。"往后，就要求孩子养成自己检查作业的习惯。

（3）家长签字。现在大部分学校都有家校联系本，需要家长签字。这是孩子与父母沟通的一种方式，也是共同参与到学习中的纽带之一。主动交给家长检查，在潜意识里就是一种威慑，一种约束。很多家长没时间管孩子，就把孩子交给托管班。大部分孩子能完成作业，但总有个别令人头疼的小家伙，托管班里也完成不好作业，换一个价格更高管理更有水平的班，还是老样子。爸爸妈妈不得不带回家自己管理作业时，发现比放在哪个托管班都管用。父母还是孩子最好的老师。

家长签字得是个有质量的签字。一要看完成与否；二要看书写是否端正。这是态度问题，直接呈现孩子的学习状态。书写不端正的，要求重新再写。除了手指的小肌肉群特别不发达的孩子，基本上都能写出端正的字，漂亮与否在于老天恩不恩赐。但端正的态度，是人人可以做到的。

（4）整理书包，也是管理个人能力的一种体现。黄小畅有一天拎着书包，跑到我的办公室，书包的每一个拉链都敞开着，真怕他的东西一路走、一路丢、一路被人踩。由此，我在表格里赶紧添了这条。

小学教育就是这样琐碎。但没有规矩不成方圆。我们在小学一年级时就要给孩子建立起规则，引导孩子学会管理时间，管理态度，管理个人物品，这都将深深影响他的未来。

02 坚持学一门技艺

小学学业轻松，有充足的时间学一门技艺，乐器、舞蹈、书法、运动类项目都可以，并要坚持每天练习 1~2 个小时。如果这 2 个小时什么都不学，孩子会做什么呢？我们小时候，会到田野山林里、小溪中去尽情玩耍，与大自然深度接触。可是，我们的孩子呢？他们在电视机前，在 IPAD 前，或者在手机游戏前。我们无法把他们放到那个更自由更宽广的时代，陪伴他们的往往是丰富多彩的电子产品，大量时间浪费了，孩子的注意力涣散了，后果可想而知。

学习，是一门非常枯燥的艺术。就是有人能从枯燥的艺术里找出无穷的乐趣来。如果我们的孩子把每天的一部分时间都投入到梦幻般的电子产品中，在丰富无度的世界沉迷，便难以在枯燥的数字和文字里感受知识的神秘和力量。

5岁的陈安可，在美国NBC《小小达人秀》第二季的舞台上，表演了一场钢琴秀，震撼全场，在美国蹿红。看她弹琴非常享受，演奏流畅，似乎每一个音符都倾注了她小小年纪的情感。然而，这种成就的获得绝非偶然。她3岁开始学琴，每天都会练琴四小时。这四个小时，少不了父母的陪伴。她的父母都不是音乐专业，在孩子学琴的路上付出很多：陪她练琴，带孩子上课，听音乐会……

确实如此，我在准备给黄小畅学二胡时，就做好了充分的准备。每周陪他一起去上课（由于年龄小，家长必须要陪着上），记住上课的理论要点，回家再加以指导练习。每天晚上，他坐在小椅子上挺着小腰杆子拉二胡，我就坐在他的身边，看乐谱，看他的手势，看他的手腕，看他的脚，还要听音准……一坐就是两个小时。有人问我累吗？如果你看到孩子那么认真地练习，你会觉得孩子比我们累多了。如果你看到稚嫩的手指在琴弦上灵活地跳跃，流畅的琴声随之清扬，你更会觉得一切都是值得的。不为成名成家，只为他去体验一份坚持，掌握一门技艺，学会一种专注。

还有的家长，为了让孩子学到更好的技艺，从小就在上海或者杭州学习，每周开车往返，花进去不只是金钱，更多的是时间。当然，也获得了更好的技艺，其中有个学小提琴的女孩就是每周由妈妈陪着到上海学拉小提琴，如今已是这座城内同龄人中公认的首屈一指。

03 每日锻炼好处多

进入小学，每年都有两次体育达标测试，我们需要每日锻炼。还要一个更功利的原因就是希望孩子身体棒棒的，长得高高的。我们就需要跳跳绳，打打网球，踢踢足球，跑跑步。

小学生的作息时间也跟幼儿园不一样。很多孩子一开始适应不了，还会生病。每天留出一定的时间，跳绳、跑步、打球、游泳都可以。

有的孩子特别是男生，还不能完全适应一节课40分钟以及进入小学后的诸多不自由。他们天生精力旺盛，喜欢与人追逐打闹，分寸一没把握好就闯了祸。这样的孩子就算在家里打一百顿，回到学校还是老样子，早就把你的训斥和毒打抛诸脑后。针对这样的孩子，有很多方法。其中，让他尽情地去疯、去奔、去闹，发泄他体内无限的能量，释放后的他就会安静平和许多。我曾教过这样的一个班，男孩子都很聪明，学习对他们来说，简直都是小菜一碟。所以，多余的精力，都用来追逐打闹。

不少家长给孩子选择了跆拳道。既可以防身健体，又可以消耗他体内多余的能量。还有的去游泳、打网球、打羽毛球都可以。

对于不爱运动的孩子，要推他出去锻炼，增强体质；对于特别爱运动的孩子，更要陪他去运动，一是满足他的需求，二是释放他的过剩精力。这比狠狠警告或者粗暴地揍一顿更能解决问题。因为打骂只是发泄。

古语“慈母多败儿”“棍棒出孝子”，讲的是宠溺与打骂是两种不同的教育方式，得到的结果自然不同。然而，我们不需要棍棒，既可做一个慈母仁父，同样可以育儿成长。一句有力量的话，远甚于厉声呵斥；一个正确的动作，远甚于暴力相对。不能指望长期累积的慢性病服用“一顿打骂”就从根本上解决。打骂决不是解决问题的方法；建立规则，严格要求，坚持执行，才能培养良好习惯。

二、中高段不尴尬

如果说一二年级是学习的天堂阶段，那么三四年级就是一个转折期或者说分层期。孩子间的距离会逐渐拉开，不再是当年“你100我99.5”的“差不多”时光。有些在一二年级并不出挑的孩子突然就“聪明”起来，展现出他曾被掩盖的光辉。

原因很多，主要是一二年级学习内容简单，且有部分孩子提前学习，因而呈现了人人都优、皆大欢喜的“假象”。小部分同学，在三年级时智力的发育渐渐与其它同学追平。因此，出现了拉开差距的真象。

拉开差距很大的因素：一是学习习惯好的同学，呈现良性循环，成绩越来越好，家长孩子越来越轻松。二是独立能力强的同学，在班级事务中呈现出独特的能力，越来越能干，越来越自信，越来越具有权威性。

学着放手，舍得放手，是你对孩子的另一种爱。

1 放手，是开始

陆同学读四年级时脚崴了。我脱下他的袜子查看伤势，让他把袜子穿上时，被他笨拙的大手给震惊到了。一个 11 岁的男孩子，居然不会把脚塞到一个布做的小洞里。

这就不难理解了：他的水壶为什么常常被人踢坏了；他的家庭作业永远不抄写；他每次考试“看拼音写词语”总是错一大片……

他的水壶永远放在路中间，不断有人走过来踢一脚；他扶正以后，又有人走过去再踢一脚。回去委屈地告诉妈妈“同学们总是弄坏我的水壶”，却不知道对别人来说，这不是水壶，这是一个路障。

家庭作业，从不主动抄写。每次都要我反复提醒，追着查看签字，才能带回家。

他作业考试都奇慢。我仔细观察了，发现他总是一开始就愣在那里，原来他连拼音都不会。从以前的老师那里了解到他一年级时拼音就没有过关。

这样一个孩子，基础不扎实、学习习惯差、独立能力缺失。难以想象他的爷爷是一位小学退休教师。可是，正因为如此，才是灾难开始的源头。爷爷是退休教师，教孩子肯定专业。这是爸爸妈妈理所当然地认为。所以，孩子从小就跟着爷爷。一年级他拼音过关时，老师说："这个音该这么读。"孩子理直气壮地说："我爷爷说应该那么读。"老爷子教错了，时代在变，教材在变，教学的理念在变……一切都变了，爷爷也在变。爷爷已经没有当年的"雄风"，而是变成一个"孙奴"。加上陆同学家的特殊性，爸爸妈妈算是老来得子，陆同学又随母姓。这还不把陆老爷子也乐坏了，真是含在嘴里怕化了，捧在手里怕碎了。全家人把他当个"小皇上"给宠着。宠着宠着，就变成了今天的模样。所以说，溺爱是毒药。

很多家庭都是如此吧。起床时，孩子还是一身起床气，懒洋洋的。你怕他穿衣服慢，就帮他穿上。吃早饭了，又是慢吞吞的，你怕他迟到，又一勺一勺地喂了。该上学了，一个大书包，就是从电梯拿到地下车库那么一段时间，你怕他累，又帮他背了……你觉得没什么啊，天下的爸爸妈妈或者爷爷奶奶都会这样做。这些小事情，还怕他以后长大了不会做吗？于是，就有了四年级还要外婆帮助擦 PP 的，11 岁了还不会穿袜子的，甚至有的读五年级了还不会自己刷牙洗脸的，有的生病到学校上学一定要老师下课盯着孩子别让他在外面跑……各种关照层出不穷。

我们的家长们操碎了心，孩子们却根本不会领情。他们并没有因为你们全方位的付出而变成集体中的佼佼者。反而，一个经常打人；一个变成"树懒"，还有一个陆同学生活也是几近不能自理……他们呈现共同的特点就是——稚嫩，就是温室里的花朵，没有经历生活的历练而变得娇嫩脆弱。

为什么生活不够独立的孩子，学习上也难以优秀呢？

你给孩子穿衣服喂饭，并非只有孩子在偷懒，偷懒的还有你。因为你只是代替他们解决眼前的问题，同时却造成另一个更大的问题。你的替代式照顾剥夺了孩子学习和成长的机会与过程。

代替他做，是最简单的；教会他做，是最难的。成长是一个过程，教育当然也是。如果在生活中没有遇到过困难，就不会想办法去克服困难，便失去了解决问题的能力，从而产生依赖心理。这种依赖性直接辐射各个方面，包括学习。

他的拼音一年级没有过关，到了五年级并没有自然而然就会了。他的水杯不知道放在书包一侧的网袋里，又安全又不会干扰别人。而且，他还喜欢打别人。他并不随便打人，而是挑人打：一类是比他弱小的；另一类是强大但不会打人的。有一次，他追着一个会跆拳道的男生打。男生一直忍到办公室里，把整个事件告诉了我。我狠狠地将他批了一顿：“人家是黑带……要是踢你一脚，你的肋骨都废了！”他才吓了个半死，眨巴眨巴眼睛望着我，半天说不出话来。我心里暗想：以后，你肯定不敢打他啊。果真如此。只是他又找别人打去了。这就是生活交给他：欺软怕硬。

咱们先不论“怕硬”是本能，而“欺软”则是不道德。在自然的生存法则，就是弱肉强食。而爸爸妈妈爷爷奶奶却以“爱的名义”剥夺了他的成长。学习上也是欺软怕硬。遇到难题就会绕道而行。堆积的问题并没有从根本上解决，到了高段呈现的就是 个大窟窿。英语第一单元测试 32 分。妈妈快要崩溃了。可是，这也并不难理解：一个连母语拼音都没有弄明白的人，怎么能搞得明白 ABC？如果还不从根本上放手，培养他的独立性，上了初中会怎样，上了大学会怎样，结婚生子又会怎样？这就是未来的妈宝男、啃老族吗？

另一个男孩，因为家庭的特殊性。生母因车祸早早离开人世，父亲再婚生下一个小弟弟。父亲要上夜班，继母待在娘家。每个傍晚，都是他自己乘公交车回家，自己吃父亲留下的饭后，开始完成作业，自己管理时间。中间发生过离家出走的事，我们满城找他到晚上 10 点，他一个人躲在 8 楼的楼道里，不敢回家。因为父亲最会的就是暴揍。

我们和父亲长聊。聊这么小的孩子，能自己一个人乘车上学放学，能完成家庭作业，尽管作业完成的质量一般。但已超越这个年龄段孩子的独立能力，是很棒的孩子了。他之所以离家出走，是缺爱。他缺失母爱，在父亲身上得到也只是不能理解的暴力。我们换一种方式吧。一要杜绝暴力。有时候，看到他头上的乌青，我都替他疼。换成跟孩子说说道理，他是一个聪明的乖孩子，在成长的过程里过度缺乏爱与正确的教育方式，难免会出现偏差。但现在还来得及。二是送他上学，只要有时间就接他回家，尤其下雨天一定要来接。一天 24 小时，父与子有多少时间可以相处？当他在家庭里完全感受不到温暖，一旦长大，就开始暴露问题。上学路上，和儿子聊聊天；放学回家，两个人同穿一条雨披，儿子紧紧抱着父亲的腰。一个不善言辞表达的男人和一个无从感受父爱的男孩，终于在那一刻可以名正言顺地紧紧相依。这是多么美好的爱与信任的建立。父亲来接的次数越来越多，春游、秋游会来接；足球操展示训练，晚上 8 点父亲也换班来接；有一次，学校“淘宝喜乐会”活动，也邀请他的父亲一起来参与。尽管孩子依然更多的时候是一个人放学回家，一个人在家完成作业，一个人感受不到母爱，但是不再离家出走。

过度的限制和完全的放任，都给未来埋下一颗定时炸弹，谁也不知哪天一不小心就踩爆了。因此，如果一二年级是扶着走，三四年级便可以放手跟在他的身后。唯有放手的鸟儿才能飞得高远；唯有挣扎的豆芽才能破壳生存。从“不会”到“会”，不是一个结果，而是一个过程。得到本身就是一个过程，而放手是开始。

2 我是王者，我荣耀

我的大学同学在杭州一所知名中学任教，当王者荣耀席卷全国时，我可爱的同学写了一篇怼天、怼地、怼王者的文章，很快上了新浪微博的热搜，一度成为话题。由此可见，家长乃至全社会对网络游戏的痛恨，简直到了无以复加的程度。

我们都痛恨网络游戏害人不浅。可是，是不是因为飞机会失事，我们就不再搭乘飞机？是不是游泳也会溺水，我们就不学游泳？是不是因为吃药有副作用，我们病了也死死熬着？飞机的发明，开创了新的时代；游泳是一项重要的求生技能；医药的发展，大大延长现代人的寿命。电子产品的出现，以迅雷不及掩耳之势改变着我们的生活方式，打开了一个曾经无法想象的世界，开创了一个全新的时代。我们必须承认的是电子产品以及网游手游完全融入新时代的生活，也必须面对现实——深不可测的虚拟世界，对很多人具有致命的吸引力；很多学生正因沉溺网络游戏而前途尽毁。

一位退休老教师的儿子，7 岁时就能将能发出音乐的枪和闪射激光的枪组装成一把既会发光又能发声的枪。中考更以绝对的优势考入最好高中的实验班。当家人都以为只要三年时光就能静待花开，考入名校。可是，那一年，魔兽闯入了年轻人的世界。这个像黑洞般的网游，深深吸引这个聪明又单纯的男孩。第一次被妈妈从网吧里拖出来，孩子还拿着棍棒给妈妈，让妈妈狠狠揍自己一顿，并发誓不会再玩。向来乖巧优秀的儿子，妈妈怎么打得下手？很快原谅了他，也相信他会痛改前非。可是，她错了。以后的日子，男孩常常逃课去网吧，沉溺其中，不可自拔。最后高考，也只上了一个三类本科院校。

那个时候的人们对网游的认识是粗浅的，远远低估它的魔力。意志力薄弱的孩子，从未接触过网游的孩子，很容易就坠入其中，无法自拔。十几年过去了，如今网游手游遍天下，我们的孩子还在牙牙学语时，就会在触摸屏幕上乱点了。层出不穷的游戏，简直无孔不入。这是最美好的时代，也是最揪心的时代。

杨同学是个学霸，语数英科门门名列前茅。有那么一段时间，他作业开始潦草，上课也萎靡不振，哈欠连天。与原先作业字字端正、上课金句频频的他，相差甚远。向家长反馈在校表现后，了解到这段时间杨爸杨妈也是心力交瘁。为了电脑游戏，双方斗智斗勇，一度进入白炽化的程度。一开始杨爸给电脑设置了密码，没多久就被破解，悄悄玩了数次被杨爸在网页历史里发现蛛丝马迹。杨爸拔下键盘锁在柜子里起来，心想：这下，你可没辙了吧。相安无事很长一段时间，有天妈妈外出回来，摸到电脑主机是热的。于是，彻查。在这小子的橱柜里发现了一个旧键盘，是杨同学向同学借的。一气之下，杨爸就把电脑卖了，买了台笔记本彻底锁起来。以为这将会解决问题，可惜……智能手机在几年时间里疯狂发展，随之而来的就是铺天盖地的手游。全世界的孩子似乎都拥有了一个叫 IPAD 的神器，走在商场、饭店、公园都能看到孩子埋头在屏幕上比划的情景。杨爸杨妈坚决抵制 IPAD，孩子却自有办法。每个周末都以去同学家做作业为由，疯狂地进入 IPAD 的游戏世界。当杨爸把捧着 IPAD 的儿子从被窝里揪出来，彻底愤怒了，直接把 IPAD 丢进水池里，打开水龙头。然而，儿子哭着喊："你要我考 100 分吗？我就考个 60 分给你看！"

当杨同学还没有机会考 60 分时，全家已经被请进了办公室。爸爸和儿子又开始怼起来。

杨同学说："我就不明白学习成绩一般的同学，家长都给买了 IPAD 玩游戏。为什么我不能玩？"

“别人正是因为玩了游戏，成绩才下降。”

“那我保证成绩不下降。”

“玩游戏影响你长身体，特别晚上睡那么晚。不但影响智力发育，还影响第二天的学习。”

“晚上不让玩，白天也不让玩。上学不让玩，周末也不让玩。你们让我什么时候玩？”孩子歇斯底里起来。就在这时，爸爸的手不由自主地举了起来。妈妈赶紧拉住了爸爸。

孩子抹着眼泪，抽抽噎噎地哭，边哭边嘀咕：“就知道让我做考卷、做考卷。就算我每次考试都 100 分，你们也就会叫我做考卷！每次考了 100，别人的奖励是玩会手机，玩会电脑，你们的奖励是再做一张卷子。你们是不是以为你们的儿子傻啊？同学们在一起聊着游戏，聊着游戏里的人物，我呢？我跟他们聊考试成绩啊？这都几年级了！”

杨爸生气了：“聊游戏的人就跟聊游戏的人玩；爱学习的人就跟爱学习的玩。物以类聚，人以群分。不正好把好的和差的分开了吗？”

孩子说：“我爱学习，我也爱游戏啊。这不矛盾！”

爸爸沉默了片刻，压抑了内心的恼火，问：“好吧。你说，你想要怎样？”

儿子说：“我就是想要玩玩游戏。”

当“不行”这两个字从杨爸嘴里脱口而出时，我参与了调解。天下的爸爸妈妈几近相同，要的不过是孩子品学兼优。学习没问题，品行也端正。适当的娱乐，当然也是允许的。大家都不是生活在真空世界，难免会受到诱惑与干扰。关键还是要培养孩子的自控力。如果网络游戏，真的是我们无法避开的陷阱，是必须要过渡的河流，那就学着从小开始面对、适应和解决。把它当作生活里的每一场小感冒或不断升级的病菌，一次次感染，一次次治愈，一次次变强壮，好过一场大病的突然爆发夺去的可能就是生命。

我们与杨同学约法两个“必须”，两个“可以”，一个“取消”：必须保证学习优秀；必须经过爸爸妈妈知道的情况下玩游戏。完成作业前提下，周末可以玩两个小时；每个 100 分，可以奖励 10 分钟的游戏时间；偷玩游戏（包括在同学家玩）一次，取消一个月的游戏时间；发现 3 次，没收 IPAD。

说完，想不到杨同学突然说：“那……你也不能吃完饭就躺在沙发上玩手机。你得跟我一样周末才能玩两个小时。”

我们面面相觑。爸爸尴尬地一抿嘴，说：“好。爸爸答应你。”

三四年级的孩子，开始脱离一二年级的稚嫩，慢慢成长为有想法有行动力的少年。他们甚至会毫不留情地指责爸爸妈妈的不是，反驳你的观点。单纯靠说理，靠发一点小奖励就能哄哄他的美好岁月已悄然流逝。随着孩子的长大，斗智斗勇的级别不断上升。过去的你，如果指责过他：你看看别人的孩子，多牛气！未来的他，也会同样指责你：你看看别人的爸爸，多豪气！我们曾用来对付他的武器，终有一天会被他们同样当作武器瞄准我们。

接下来的一个月，孩子渐渐回到原来的状态。有天清晨到校，我看到他们挨挨挤挤地在聊游戏，聊王者荣耀。这就是这个时代孩子们生活的部分，就像我们小时候会捧着金庸的小说没日没夜地读，会谈论古龙的江湖没完没了地说……老师不断告诫我们：“少读这些闲书。不要中了武侠小说的毒。更不要傻兮兮地飞檐走壁。”每个时代都会有属于它的烙印。我们不曾被虚无缥缈的武侠小说毒害，也不曾因缠绵悱恻的言情小说而早恋。所以，在电子产品和网络游戏盛行的今天，也不是所有的孩子都会被这黑洞深深吸附甚而吞没。我们要做的是学会接触它，了解它，驾驭它，而不是禁止它。如果今天的他，从未接触过“坏”的乐趣与无趣；未来的他，就难以抵御“坏”的诱惑。绝对的压抑导致的爆发——尤其是青春期的爆发，将是不可收拾的。

有个同事的儿子，初三时收到土豪同学发的手机、iTouch 每人一个。男孩在爸爸妈妈面前用的是家人买的手机，转身回到房间就偷偷用同学送的，导致成绩一落千丈，从班级前 5 名落入 30 余名。这可气坏了妈妈。妈妈把同学送的电子产品，都丢进了垃圾桶。儿子哭着说：“妈妈，我真是忍不住啊！”妈妈说：“那么，儿子，老妈陪你。我们一起戒了。”妈妈宣告暂时脱离朋友圈，不用再打电话给她；并把智能手机换成老年机；一到家，就把手机关了。她买了一幅十字绣。儿子在房间里写作业或者复习的时候，她就在客厅里绣花，累了就看看书。初三整整一年，在全家的努力下，儿子终于收心，成绩迅速回升，最终以高出分数线 3 分险入了最好的高中。那次以后，孩子便彻底断了网瘾。如今，在美国读完大学后顺利拿到了宾夕法尼亚大学和哥伦比亚大学的研究生资格，而他攻读的就是 IT 专业。他爱网络的初心不改，且用了更好的方式去热爱。

我把这个故事与杨爸爸分享。他明白了：第一，父母永远是孩子最好的老师。你的辛苦，孩子看不见；你舒舒服服躺在沙发上玩着手游，却全在他眼里。“大家都一样辛苦，凭什么你有的玩，我就没有呢？”这是孩子的想法。所以，要让儿子戒掉网游，那我们先脱离“手机族”。第二，在孩子学有余力的情况下，适当接触网游，疏导比堵塞有效。让孩子在原则下适当玩玩游戏，学会管理与控制自己的欲望。不如就在小学里，慢慢接触，张弛有度，稀释虚拟世界的神秘与吸引力。第三，培养一项兴趣爱好，转移他的注意力和精力，运动、阅读、乐器、书法、围棋等等。

长期从事青少年心理问题研究的李玫瑾教授曾经在一次讲座中提到过“如何才能帮助孩子彻底地戒掉网瘾”，那就是培养一项兴趣爱好。因此，在一二年级的时候，甚至更早，我们就要去发现孩子的兴趣，或者陪伴他坚持学习一项技艺，以抵抗来自于网络的侵蚀。

我曾读过“王者荣耀”设计人员的心历路程，谈到为了实现梦想，他们如何努力和奋斗。是啊，“王者荣耀”何错之有？乔布斯发明的伟大手机，何错之有？一把杀人的菜刀何错之有？错的是那个用它的人。当我们不能解决问题时，便抱怨、愤怒，恨不能它从这个世界彻底消失。可是，当它消失了，一定还会有新的诱惑诞生。如果我们的孩子经不起这点诱惑，必然也经不起另外更大的诱惑。我们能管的是自己的心，是孩子的心，而不是别人的发明以及不可避免的时代发展。

3 QQ 里的留言

大概进入五年级，大部分孩子都蹿得人高马大，俨然都是帅哥美女。每次运动会，赛道上球场上少年风驰电掣般奔跑逐鹿，一群活泼可爱的少女呼喊跳跃。这些年，因为时代的发展、媒体的催化，加上孩子们身体发育的提前，孩子们一届比一届越来越大胆表露心声，不惧人前直白地表露心声。他们变得更加坦然，更加猛烈，少去旧时的朦胧与羞怯。他们率真又直接，奔放又热烈。这是属于这个时代的青春期。

男孩成绩优秀，弹得一手好琴，是学校的大队干部，经常可以在校园里见到他帅气的身影。这样全面均衡发展的孩子，离不开一位开放式教育的母亲。母亲鼓励儿子参加丰富的课外活动，也保留独立的私人空间，尊重儿子的选择和决定。十几年来，男孩已经变成思想独立、见解独到、颇有个性的少年。这是一件好事，当然也可能不完全是件好事。

男孩每个周末都会有两个小时的上网时间。这个时间段是完全自由的，没人来理会他做什么。但时间一到，男孩必须关了电脑，即便是可能查了一半的资料，做了一半的PPT。但是规矩在前，一般情况下男孩都会提早完成任务，剩余的时间就玩玩游戏，翻翻网页，聊聊QQ。那一天，儿子没有及时走出书房。妈妈推门而入，看见儿子慌乱关掉QQ的一脸尴尬。妈妈没有多问，儿子也像往常一样走出了书房。晚上，妈妈打开电脑，在网页的历史痕迹里翻到了儿子的每日说说，大段大段泰戈尔的诗句，还有别人的留言：“想星星了？相思病了吧？”这个出现了无数次的“星星”到底是谁？妈妈并没有太当一回事。小学生嘛，懂什么。直到妈妈在QQ里，看到了男孩写给女孩的一大段话。妈妈点开女孩的说说，了解到女孩是隔壁班的，也是大队委员。儿子常常提起，但是不叫星星。两个人曾经一起主持学校的元旦文艺汇演。要命的是，儿子告白得到了女孩的认可。这到底是什么滋味？妈妈说：“要是女孩拒绝了，会为儿子抱不平；可是，女孩答应了，又要开始担心了。两个真正的小P孩是要开始正儿八经地谈恋爱了吗？”妈妈急得一宿没有睡好，第二天还是没能问出口。看着儿子急急地背着书包下了车，奔向校园大门，向老师们敬礼问好，完全是一个优秀少年的模样，她安慰自己，不必着急，没有那么严重。这不是根本没有影响成绩，也没影响品行啊！

周末了，星星约了儿子去她家做作业。

儿子说：“妈，我明天去某某家做作业，好几个同学一起。做完作业，我们一起讨论大队部的事。”

这可让妈妈着急了。别人家，哪有在自己眼皮底下放心？于是，妈妈说：“儿子，不如明天你约大家到家里来做。我正好买了材料，明天做蛋糕给你们吃。”

儿子想了想，说：“那我问问她。”

女孩子答应来家里了。妈妈松了一口气，责怪自己想太多。这么小的孩子，能干出点什么事来呢？他们可是很纯洁的。

第二天一大早，妈妈就去买了菜和各种材料，在家里倒腾。星星来了，不过只有她一个人，穿着整洁干净的运动服，扎一个马尾辫，纯真的目光里都透着她是个好孩子。妈妈松了口气，说“欢迎欢迎”。一些简单的招待后，两个人就到书房里写字了。书房的门是大开着的。妈妈在餐厅里准备，一眼就能看见他们俩有说有笑，讨论题目也很认真，更加确定是自己多想。做完作业，吃了点心。两个人开始商量大队部的事，并且在对主持稿。中间有不清楚的地方，又跑来请教妈妈。这一下午处得相当融洽。妈妈一颗忐忑的心终于放下了。

等女孩走后，妈妈问儿子：“你是不是喜欢她啊？”儿子一笑，点点头。妈妈再次假意问：“那她呢？”儿子再一笑，说：“你儿子那么优秀，能不招人喜欢吗？”哎哟，臭小子！妈妈再问：“那你喜欢她什么呢？”说起她的优点，儿子简直如数家珍。妈妈频频点头，“确实是个不错的女孩，儿子很有眼光啊。你们两个做好朋友可以，但可不能把成绩给弄落下了。真正的好朋友，是相互帮助，共同进步的，而不是互扯后腿，一起变差变坏”。

儿子说：“放心吧。老妈，你儿子可不傻。”

妈妈笑了说：“只要你做得到，妈妈欢迎她经常到家里来玩。”

这真是一个很棒的妈妈。

每个周一的主持，都是他俩搭档。妈妈常常帮他们修改主持稿，对于服装也给出了建议。周末天气好，还约好了两家人一起去爬山。看着他们挨在一起看视频，妈妈觉得儿子长大了。

一天，儿子很不开心，回到家就眼妈妈说：妈妈，今天某某的数学考可能她近期的演出太多了，数学都落下了。”看起来，儿子真的很担心。妈妈说：“数学是你的强项，那你帮她补补啊。”儿子觉得妈妈的主意太棒了！不过，妈妈又追加了一句：“那你自己可得先把难题给啃了，别在女孩子面前丢脸哦。”男孩完全掌握了知识点，又在周末给女孩讲解再练习，整整一个周六的下午。

单元测试前，两个人完成了一张练习卷，在电话里儿子给星星耐心地讲解题目。那次考试，女孩又回到了原先的状态，考得不错。

就这样两个人平稳地小学毕业，进入同一所初中。三年里，男孩子越来越优秀，成了学霸；女孩子虽然没有男孩那么出类拔萃，但也是优秀的。初中毕业，男孩去了杭州名校，如今已被上海名校录取；女孩留在了湖城，我们也曾八卦地打听这对金童玉女的现在。两个人并未变得更亲密，也没有更坏，顺其自然地度过了懵懂期，如今将各自进入新的阶段，或许会遇见更加优秀的人，或许心里还是藏着彼此。这种无伤无痕的开始与结束，在男孩女孩心里的体验是完整的，也是宝贵的。

谁的青春没有一个男神或者女神？小学里对异性的喜欢，是纯洁又朦胧的。渴望与异性交往，也是青春期身心发育的正常反应。在这个时候的他们，注重自我形象，甚至会出现要减肥、要健身、要肌肉的行为；也有强烈的自我表现欲望，渴望得到异性伙伴的肯定与接纳。

这位妈妈的成功，第一便在于对孩子情感认知的正确定位，而不是排斥，抱怨，或者禁止。看过太多爸爸妈妈的嫌弃、呵斥与嘲讽，希望通过打击和禁止来消除他心里渐渐滋长出来的爱意。却没有意识到，这是正常的，也是必然的。当他们给了他独立的精神世界，便应该允许他产生独立的爱意。

妈妈的成功之二，在于引导儿子懂得如何是正确的爱。真正的爱，是共同成长，而非彼此消亡。我们喜欢的是美好的她，也要帮助不美好时候的她。这是一种责任感的培养；同时，也是对他自身提出了更高的要求。男生通常都具有保护欲，不会允许自己比女生差。因此，面对一个优秀的女友，她变成了战友，也是一个强劲的隐形对手。

成功之三，巧妙地运用方法。与其把孩子推向外面的世界，不如拉到眼皮底下，既能得到孩子们的信任，又能刺探“敌情”，以便及时实施对策。

成功之四，给儿子完整的情感体验。从美好的开始到平静地结束，对于青少年来说，是多么宝贵的体验。没有惊天动地，也没有呼天喊地，就没有悲伤痛苦，留下的恐怕除了美好的回忆，还有珍贵的经验。

每个母亲都深爱自己的儿子。我也始终相信：爱，是打开心灵的一把金钥匙，一把万能钥匙。也只有真正地走进孩子的心里，才能帮助他们健康快乐地成长。但怎样地爱才能打开孩子的心扉，尤其在青春期，他试着把心里的位置腾空了来安放另一个陌生人时，我们如何在其中占有一席之地？这恐怕是母亲一辈子都要学习的。

4 “完美替声”

01

越到高段，语文课堂上活跃气氛的越是男生。他们粗着嗓门，说着天文地理、山川河流、自然社会，侃侃而谈。嘴唇上淡淡的胡须，标志着小男子汉的权利与地位。这与他们阅读的书籍有莫大关系，女孩越长越爱读青春小说，男生则喜欢天文地理、历史自然等著作。性别似乎也就决定着格局。

男女差异的出现，并非只由阅读的书籍决定。很大的原因，来源于父母对性别的认识局限。男生粗放，女生富养，最后出来的必然不同的现象。但也有例外。

有个女孩从小跟着外婆在南方长大，初到北京读书的几个月，因为个子小和口音问题，每天都被人欺负，且都哭着回到家。外婆看着都着急，希望妈妈能去学校找找校长。可是，妈妈却说：“为什么那些孩子只欺负你，而不欺负别人？为什么每天哭着回来的人，是你，而不是别人？”

女孩长大了，去外地出差，那个年代现金没带够是很麻烦的事。她打电话希望妈妈能帮助汇钱，妈妈在电话里训斥她：“我不是家庭妇女，没有时间替你做这些。”钱当然汇了，只是下不为例。

正是这样一位独特的母亲，培育了一位独特的女儿。长大后的女儿成了中国青年报的资深记者，如今已是全国一线编剧——陈彤，有《一仆二主》、《我愿意》等优秀作品。

每个家庭都有自己的期许，并会朝那个他们想要的方向前进。只是，为什么女孩就该是温温柔柔，甚而唯唯诺诺的？为什么就不能大方得体、粗放大气，站在舞台上、讲台上发表言论，并不以她的楚楚可怜或者精致貌美而赢得掌声？我们还是太习惯夺走女孩的话语权，做她的代言，做她的替声，做她的拳手，使女孩子渐渐失去了说话的能力，失去了出拳的勇气，成了学校和生活里的弱者。

02

三年级时，她转到新的班级，笔总是少了不知道是自己弄丢了，还是被人拿走了。妈妈气急败坏在 Q 群里问："是谁拿走了我女儿的笔？"发完一句，没人回应。她又追加一句："这个老师真是太不负责任了。"

四年级时，她得了水痘，请假 10 天后来到学校，带来一张医院证明单。尽管如此，老师跟她说："水痘一定要在家里待上 14 天，才能到校读书。因为后期是最具有感染性的，传染给别人就不好了。"她答应了，打电话给爸爸。爸爸不愿意来学校接。学校分管传染病的老师打电话给家长说明缘由，家长挂了电话。第二天，她还是来学校了。班主任再跟她谈，她说："爸爸不愿意来接。我跟爸爸妈妈都说了，可是他们不会听我的……"到此，老师不再为难孩子。因为有医院证明，抱着侥幸留下了孩子。那是 5 月底的事，班里不少孩子正在排练浙超联赛的足球操演出活动。一个星期后，又有 2 个孩子得了水痘。再过一个星期，又有 2 个孩子得了水痘。于是，加强消毒，对孩子进行隔离。还是有 2 个孩子因为水痘没法参加演出，也没法参加期末测试。期末考试结束后，连续 4 个孩子爆出得了水痘。微信群里炸开了锅，妈妈出来致歉。可是，谁愿意原谅她，还有那个可怜的孩子呢？

五年级，有一次她咳嗽发烧，还是到学校来上学了，妈妈拜托老师要照看一下女儿的身体。到了下午，她脸色发白，没精打采，老师赶紧让孩子给妈妈打个电话带她回家，得到的回复是"没人接"。这怎么行？老师回到办公室给她的爸爸打了电话，一定叫人来接回家。孩子都病成什么样了，万一出什么事怎么办？最后，爷爷从乡下赶来把孩子带回去，班主任才知道孩子还没去过医院。现在病毒那么多，一定带去医院抽血检查，才能对症下药。

这本是一个优秀的孩子，如今在班里越来越沉默。问题的根源在哪？

第一件事，孩子初入新的环境，难免会有不适应。我们无法要求新环境来适应孩子，只能让孩子去适应新环境。这种适应，包括在校遇到问题，主动去解决，找老师或者同学。用沉默和回家抱怨都无法真正解决问题，反而引起集体的不满。第二件事，孩子的健康应当是第一位的。病中的孩子在诉求中并没有得到家长的安抚与关心。这必然是长期备受冷落的结果。第三件事，这本当是家长到校解决事情，但推着孩子走到前面，硬性到校上课，引起水痘爆发。不顾及他人的自私，一旦被揭穿，最受伤的当然还是孩子自己。三件事全部搁在一起，我们会发现：女孩在家庭生活中，长期处于话语权被剥夺的状态。一旦问题来临，她不会用语言去解决问题，对父母对同学对老师都是如此。

另一个女生，是家中的公主宝贝。妈妈说："我们对她的学习没有要求，只要她快乐。"女儿整天穿得像个公主，最爱的也是跳舞。三年级时，艺术节有个集体项目是舞蹈，老师交给她，从选材、动作设计到服装统统交给她。老师问："你可以吗？"她信心满满："可以。"可是，妈妈打电话给老师说："服装选不好，好像太多了，能不能老师你自己选？"老师说："让她先选。你的女儿已经有很强的审美能力，肯定选得满意。如果她不愿意，那么我来选。"不出所料，不久孩子发链接给老师看，老师给她大拇指点赞。这次比赛，全权交给孩子们自己设计、排练、服装。最后比赛那天，女孩子还邀请妈妈来给大家化妆。大家齐心协力，获了二等奖。那全是孩子们自己的心血，还有她们的付出。之后每年的团体活动老师都交给了她，包括每个学期的大队活动设计和安排、周队日表演。她总能安排出不同的节目类型，尽管作品没有想象中成熟精彩，可是这是小学生实实在在的水平和能力，也是他们完完整整的经历与收获。优秀的孩子，都是这样成长起来的。

如果第一次妈妈跟孩子说"你们老师真懒，叫她自己去选"，不管女孩如何央求妈妈，我猜就没有了后来的她。她成绩一般，却在班级仍有立足之地。每年的文娱委员选举，她总是全票通过。在班级的文娱活动组织中，拥有绝对的话语权与领导权。

03

如果要让女孩拿到人生的话筒，拥有应当的话语权，首先，在家庭中创设民主氛围，给孩子最大的自由。有位男生特别优秀。她的母亲常说的一句话就是："我对儿子，真的没做什么，只有溺爱，只有自由。"确实如此，儿子执意要放弃高考直接去国外留学时，全家人都反对。最后，在儿子的坚持下，母亲作出了让步。儿子也争取到了全额奖学金留学美国。而这一切的基础，都来自于他在家庭中拥有绝对的话语权。如果换成女孩，是不是又是另一番景象呢？其实，就算是女孩子，在家庭生活中，也可以有事情全家人一起商量，允许孩子发表自己意见。说错了也没关系，保护孩子话语权最好的办法便是——保护他发表错误言论的权利。孩子发表言论时，我们认真地看着他的眼睛，倾听他的心声。天长日久，孩子及父母可以学会巧妙地表达自己，便能在集体中巧妙地表达自己的意见，学会在集体社会中巧妙地生存。

其次，在校园生活中，我们要舍得把孩子推出去解决问题。正如陈彤所说，后来长大明白了母亲并不是不愿意为自己牺牲，而是不愿意为自己作出不必要的牺牲。独立成长的孩子渐渐变成独立的人，便会懂得你的用心。最后，让我们把陈彤的故事听完：2003 年，陈彤得了癌症，手术成功率是 50%。陈彤不接受治疗，想要用余生周游世界。母亲没有立刻反对她，而是问她："如果你动手术，就有一半的机会活下去；如果你去周游世界，只有 6 个月的生命。我就想问你：你去周游世界，会真的快乐吗？"陈彤决定手术后，母亲就提早退休，照顾起女儿。手术成功了，她活下来了，但后来和丈夫离婚了。离婚是她提出来了，她说："在我生病的时候，他没有离开就十分难得。而我痊愈了，却不能给他要的生活。这是不公平的。"于是，她有了《离婚律师》这部电视作品。一个关键时刻总是能定夺自己人生的人，最终也掌握了命运，掌握了未来。

一个个性的你，才能创造一个个性的小生命；一个民主的家庭，才能培育拥有话语权的自由人——自由人不分性别、种族与年龄。拥有"完美替声"的家庭，走出来的不是"完美替声"，而往往是一头"沉默的羔羊"。

三、小升初不躁动

每到周五，我就战战兢兢，担心孩子们会在排队离校前的数分钟内，谁把谁踢疼了，谁把谁惹哭了，还有实习老师送大部队走后又领着两个哭哭啼啼的孩子回到办公室。有一年期末考试的最后一门学科，中午的休息时间，一男一女两个优秀的孩子竟打起来，男生被女生踢伤了送去医院。

每个周五的下午，全民皆嗨，孩子们也不例外；每个期末的最后一门考后，孩子们也早早放飞自我。毕业班的孩子，早在一个月前就开始疯狂了。个别男生的眼神，从不敢正视到斜视。这种蔑视里，似乎宣告："你啊管不了我一个月。我们还是好聚好散，彼此留个好看。所以，最好不要管太多。"这是极少部分的孩子，还有绝大部分的孩子在教室里疯传留言本，你给我写，我给你写，我的男神女神给我写了什么，又给别人写了什么？QQ 号码是多少，电话号码，还有微信呢！上课了，满桌子的纸，电风扇一吹，飘得到处，又追着喊着："别看！不许看！帮忙压着啊！猪！"大家一场哄堂大笑，一场鸡飞狗跳。这便是毕业班的真实写照。

老师们也不再似过去那么大义凛然、义正言辞，变得宽容大度，得饶人处且饶人。确实快毕业了，也都长得人高马大的，再像个孩子似的训斥，难免觉得自己也过分了。在老师的心里孩子们都长大了。一边是老师海水般的包容，一边是孩子们火焰般的燃烧，这毕业班的最后一个月，孩子们疯狂了，家长们却快疯了。

1 你的快乐，如此忐忑

一个身高180的六年级男生归还运动器材时，潇洒地做了一个投篮的动作，硬生生砸在四年级男孩的头上。男孩一下子就哭了，头也发晕了。可眼见一个比爸爸还高的“男人”粗声粗气地问：“你到底疼不疼啊？”男孩吓得连说不疼，又哭着回了教室。双方班主任共同处理这件事时，六年级男生给爸爸打电话。他一边抖着腿，一边拿起电话，朝电话里吼了几句后就把话筒狠狠砸在了桌子上。我们面面相觑，简直不敢相信眼前这一幕竟发生在办公室里。

“我已经跟他道歉过了，还想怎样？”他毫不在乎地说着，摇晃着身子走出了办公室。看着他高大的背影，在阳光的投射下，地板上是团可怜的小影子。这就是他们叛逆又幼稚，高大的身躯里藏着不过是个孩童的灵魂。他们渴望像个男子汉一样和大人平等交流，甚至高人一等地站在我们这些娇小的女老师面前。难以想象在这么小的女人面前，他要屈尊降贵。这份“不等”令他不甘，也不屑。这份强大的力量里装着一个稚嫩的孩童，就像个拥有洪荒之力却不懂控制的武林高手迫不及待地使用和展示自己，更容易惹出大大小小的是非来。

他的父亲来了，劈头盖脸就是一顿骂，大意就是：“还剩几天了？不好好读书，天天惹事情。看看你长得高高大大的，怎么还像个小孩子？”

是啊，我们都忘了他们偶尔是个小大人，更多时候还是个小学生。我们总以一米八的标准去要求一个内心只有一米四的人，永远也不公平。

爸爸的关注点依然在成绩，儿子的心却早已飞在同学的分离里，飞向中学的生活里。孩子承受的是生命中重要的一个阶段，爸爸关注的千年不变是学习成绩。

毕业班的家长们来学校更愿意聊学习。大多是说：“是啊，能不关心吗？马上毕业了，初中会有摸底考试，按照成绩排名分班，第一印象很重要的。”

“摸底考试很难的。哪里会像小学里你好我好大家好，皆大欢喜大结局？

1分就要相差好几个名次呢。我们相差得起这1分吗？”

“初中三年，真是眼睛一眨就过去了。马上中考。中考可是跟高考一样重要。考进重点中学，就有了好的同学，好的老师，好的学习氛围。我们就妥妥的了。”

这个阶段的孩子，就是一个磨心，既要承受内在成长的膨胀，也要承受外在父母老师的压力。两股力量，让他们在毕业前夕表现异常。

作为父母，我们能做的首先就是接纳与包容。

叛逆，是一个人寻找自我的开始。在这份摇摆不定的追逐中，难免带着几分尖锐与戾气。我们每个人都是这样走来，也必然要去这样接受。怒斥与羞辱，只会将孩子推向更远的地方，也许会永远回不来。所以，事情发生了，什么也不多说，解决问题就好。男孩的爸爸来了，我们陈述事情的整个经过，明确责任，商量解决的方法，双方家长先把受伤的孩子带到医院检查后，再解决后续问题。

如果是在中低段，我们还要苦口婆心，不管有用无用难免要说教明理。到了现在，不需要了。道德如果只是简单的是与非的问题就不会有高尚与低俗之分了。真正的道德是需要通过实践来实现的。所以，去做，去解决。正在苦苦挣扎拼命长大的孩子们，就能从错误的行为里得到道德实践的意义。

其次，我们要知足与坦然。

这份坦然，面对的是过往数年的尽职或者失职带来的现状。未来的你，会感谢今天你的努力；未来的你，也要接受今天你的懈怠所带来的糟糕。

初中的摸底考，考的不是一个小学六年级，是整个小学六年。所以，如果这六年来，你一直缺席，也不必再为今天的失败而焦灼，因为都失败六年了。如果你一直参与，更不必为今天的失败而遗憾，因为你们都尽力了。

有一个叫涛的男孩是班级里成绩最差的学生。六年级了，妈妈一直跟我唠叨：“怎么办啊？快升初中了。我真是担心他啊。”毕业考，涛考了60分，整个年级唯一的一个60分，拉了班级的后腿。阿涛那天还兴致勃勃地和同学们一起到我办公室来看分数，被我批评了。他哭着走了。后来我后悔了，翻看他的试卷：所有的基础题都答对了；阅读几乎全部失分了；“作文之所以还能得上20分，是因为他的作文是从作文书上的文章背下来了。”这是他妈妈后来告诉我的，“是我让他背了几篇作文。”再次看见他，心里很愧疚，向他道了歉，也希望他能一直保持这份努力与踏实，在初中里好好学习。教师节，同学们来看望老师。说起阿涛，同学说：“他也挺好的。虽然成绩不怎么样，可是他很努力也很愿意为大家服务。同学们都很喜欢他。”我想，这就够了。

最低的分数也会分进不错的班级，初中依然是平行班。最关键的，还是在每天的行动里，而不仅在第一次的印象中。

最后，学会调节，运用幽默，化解尴尬，缓和气氛。

当我们把以上都做好了，做到了。我们放松了，不再焦虑，学会面对和解决时，创造一个宽松的家庭氛围后，我们要面对的就是调节孩子的情绪。发生事情了，拍拍孩子的肩膀：“没事。长大了，难免手重，但眼睛要看清。下次别再砸到人了！还有，别再砸电话！电话也会疼！”幽默地调侃比一本正经地教育，更能进入他的耳朵，进入他的心。

运动，也是调节情绪很好的方法。把他身体里没有消耗的能量消耗掉，他就能踏踏实实睡觉，安安分分读书。有天，我刚到教室，就碰到一个老太太。她说给孙子送点心。他是个很乖的男生，成熟帅气，还是班干部。问了原因：孩子想重回足球队。奶奶不同意，怕他耽误学习。那就保证不耽误学习的前提下，试踢一个月。人家林书豪不也是这样吗？奶奶同意了，男孩终于吃了早饭。在学有余力的情况下，完全可以满足孩子对运动的渴望。

孩子们还得学会自我调节。到了毕业班，各种意想不到的事件都会冒出，跳楼的都会有。如果孩子心情不好，就让他去做自己喜欢的事。今年刚刚参加选考的学霸，在考试之前依然要看半个小时的动画片。妈妈在一边那个急啊，心想：“你能在考完回来再看吗？”不行，不能说出口，就眼睁睁看着女儿傻兮兮地笑着看完 30 分钟的动画片。女儿摸摸老妈的脸，说：“老妈，我走了，最后一门了。”老妈笑着，女儿又说：“不跟我说点什么吗？”老妈说：“动画片好看吗？”哈哈，女儿大笑。真是可怜天下父母心，揣着一颗颤抖的心，问得那个云淡风轻。

是啊，你的快乐，如此忐忑。这便可怜天下父母心。

2 小升初的准备

刚上六年级就有家长问：老师，我们会分在哪个学区？政策到底是怎么样的？实验中学好不好？要不要去报名？

遇到过最早的，大概在五年级上学期就有到学校问关于小升初的事："老师，您看我的孩子进入初中会怎样？跟得上吗？他现在这个样子，到了初中懂事了会认真学习吗？"

如此看来，小升初比幼小衔接更令家长焦虑，实打实以分数划分优劣胜负，来不得半点弄虚作假与模棱两可。除了那些老天赏饭吃的脑子，大部分孩子的家长还是踏踏实实地尽早做准备。

01 了解课程特点

小学阶段的英语、数学都相对来说比较简单，但是书本上的内容是远远不够的。如果初一还勉强可以应付，初二就会暴露根基是否扎实的问题，呈现严重的两极分化现象。

家访时，遇到一个女生。女生在班里虽不是出类拔萃，但每次考试都颇令人满意。且妈妈自豪地说，全是女儿自己管理学习，根本不需要自己的关注。这真是个乖孩子，只是可惜了。可惜，妈妈对学科性质的不了解，导致中学里孩子会学得吃力，甚至掉队。我建议她：至少要读一个英语班，如果家庭条件允许，像她这样学有余力的孩子可以参加数学思维拓展的课程。

英语是一门语言，与语文无异。语文的学习讲究积累，六年的积累足够的话，就能应对未来六年的中学语文。英语也是如此。作为一门外语，如果不进行课外的辅助学习，书本上学到的知识实在过于薄弱，根本无法支撑初二对单词量、阅读能力的要求。于是，呈现两极分化，且并非一日两日可补上，语言的积累是长期的过程。

数学同是。同事的女儿在小学里特别优秀，成绩和能力都是出类拔萃的孩子。家长也想给孩子更为快乐自由的童年，并且自信初中完全可以适应，因此小学阶段没有在外报读任何班级，进入初中却没有显示出特别的优势来。她时常不断警戒我们："反正我们现在是很后悔的。"

02 备战入学摸底考试

虽然摸底考试，不能决定命运最后的走向，但哪个孩子不想在每一场考试里独占鳌头，抢占一分先机？与其为孩子的摸底考试干着急，不如做实实在在的准备。

可以向中学老师或者学姐学长了解摸底考试的形式，不打无把握之仗。能力范围之内，还可以找一份去年的试卷，练习试卷题型，把握难易程度。

针对孩子的薄弱，重点突击。现在的突击基本要交给专门的培训机构和专业的老师们。如今，小升初的培训班遍地开花。选择之前，要了解培训机构口碑与老师的教学风格，结合孩子的特点与喜好加以筛选。

漫长的假期，是查漏补缺的好时机。制定学习计划，注意学习与玩乐结合。过度学习与完全放松，都不是最好的方式。了解当地学习的氛围，确定假期的学习内容，千万不能"两耳不闻窗外事"，结果当然是尴尬的。王同学很聪明，但不主动学习。妈妈也认为小学升入中学就好比是从天堂进入地狱。因而，整个暑假都让孩子处在最后的放纵里。凭着智商，入学摸底考试也不错。可等到正式入学，数学老师的第一堂课上提的第一个问题是："我们班里多少同学在暑假里学过书上的内容了？"问得是驾轻就熟，理所当然。接着，前后左右"刷刷刷"一大片人都把手举了起来，只有王同学和其它零星几个孩子仍是一张"白纸"。可想而知，这个学期的数学课上得多艰辛。

03 分析孩子状态，冷静面对现实

无论我们曾经全力加速还是任性放飞地度过了小学六年，临近毕业都要冷静客观地分析孩子的现状，做出明智的选择，决定未来的方向。

中考结束后，有几位学生返校来看望我们。大家坐下后，绝大部分孩子我都叫出名字来。一个打扮特别艺术气息的女孩子，就根本认不得了。她自报姓名后，我终于在她的脸盘上找到最初那个土里土气的女孩模样。真是女大十八变，当年的她自由散漫，成绩一直处于班级末尾。她能来，已出乎我的意料之外；更意外的是告诉我她考的是某某中学的绘画班，将来的大学就会考艺术专业。未来早已初步规划，小学里学了几年素描，初中后妈妈见她成绩一般，学得吃力也不见进步，就四处打听给她找了绘画老师辅导。又学了三年，报了某某中学绘画班参加考试，专业课成绩是 86 分，是很不错的分数。

如今的她坦荡自信，对未来的路清晰明确，也有继续努力的方向和力量。事实上，人的大部分精力和时间都耗费在犹豫不决中，既焦灼压抑又错过时机。面对孩子的未来，必须冷静客观地分析他的现在，学习、特长、喜好、未来发展的潜力与可能，进行斟酌判定后，早早帮孩子下定决心确定方向。体育、绘画、声乐等方向也好，纯粹中考高考与人挤独木桥也好。只有确定了方向和目标，才能真正全力以赴。

部分偏科的孩子，也可以另辟蹊径，参加科学、数学、信息技术等竞赛获奖进入重点中学的提前招生。桉桉就是一个偏科的男孩，在数学、科学、信息技术方面呈现特别的天赋。进入初二后，他突然变得沉默寡言起来，妈妈与他长聊，明白他心里的压力。原来，他自觉参加中考并不占有优势，总分会被语文等学科严重拉低一个档次。这可怎么办？爸爸妈妈和桉桉一起商量后，决定重点突击信息技术的竞赛，一举拿下市级比赛一等奖，再参加省级比赛获得二等奖就拿到了通往学军中学的通行证。

通往罗马的路有很多条。人生才刚刚开始，家长要帮助孩子看到未来的一万种可能，筛选出既让孩子喜欢也要家长满意的一条。这条路长且远，只有坚持和努力，才能抵达孩子的罗马城。

04 熟悉当地政策，早做资料的准备

学区牵动人心。好的中学，大家都是挤破脑袋也要进。曾经有家长捧着 7 本房产证问我该怎么选。那当然选最好的也最合适孩子的。但是更多的普通家庭，并没有这等豪气。生活如此现实，我们也来不得半点虚假。

在孩子进入高段后，很多家长开始了解当地的入学政策。每年的政策都在变，但大多是微调。情况比较简单的户房一致，就等着划学区。可如果是户口和房子不在一起，或者有房子没户口等等各种情况，就要等教育局统配的。

这意味着你极大可能地进不了想进的学校。

我们学区对应的初中是最好的中学之一。每年二手市场交易最频繁的房子就在这个区域。这几年，周围的房子越建越多，意味着生源越来越多，最后超出学校的负荷。因此，政策微调，部分小区的生源被划到隔壁一所中学，以此控制学校的生源数量。

情况比较特殊的孩子，就要早做准备。有的家长是在政策限期的前一个月才把孩子的户口从乡下调入城区。结果，划分学区时因学校人满为患，政策进行调整，秉持户口迁入时间早的生源优先原则。也有以房产证上的日期为准，截止到某年某月某日前的房产有资格入学。各种情况，层出不穷。谈不上什么公平不公平，合埋不合埋，这就是生活，这就是现实。因此，情况特殊的，要提早了解往年政策，尽早准备资料，以确保孩子能够进入理想学校。

有学生报考私立或其它学校，也要提早几年了解学校的相关政策以及学风班风和老师的状况，同时要关注入学考试和面试要求。此外，从小就要妥善保存孩子的成绩册和荣誉证书，校级荣誉、数学竞赛以及特长级别证书，都是孩子入学的筹码。有个男生小时就迷上二胡，父母帮助找到了一位好老师后一路开挂学到了初中；中考结束，因为二胡 B 级证书加了 10 分，弥补了重点中学裸分的 2 分之差，以超出分数线 8 分的微差顺利入学。

上了初中的人，才知道小学是身在天堂。但也不必过于担忧而将中学视作地狱，将入学考试当为洪水猛兽。每一个阶段，都是经历；每一场体验，都是人生；每一种烦恼，都是为了成长。

第三部分

阅读与写作

华丽辞藻堆砌到作文里，虚不胜补，冗长矫情。

你需要阅读的修炼，也需要诀窍的取胜。

1 阅读改变人生

读书，很大的好处在于给予人灵魂的力量。有人说过，世界上最伟大的人离我们很遥远。能够接近他们的唯一途径是阅读他们的书籍，与他们交谈，领会他们这一生智慧的结晶。

01 阅读的力量

我喜欢看书。

从儿时的《安徒生童话》到后来《梵·高的生活》。我喜欢童话世界灵魂驰骋的自由，喜欢历史书籍时空穿越的神奇，喜欢伟人传记中不屈不挠对命运的叩问……最初我并不知道读书究竟能给我带来什么，但深知不读书就会变得贫乏、无知与狭隘。

如今，回望数十年阅读历程，梳理收获，竟能看到清晰深刻的纹路：

6 岁读《丑小鸭》，我同情丑小鸭，被无情地欺负与羞辱，甚至被亲人抛弃，泪水曾打湿我的眼眶。

10 岁读《丑小鸭》，我开始爱臭美，曾暗下决心，发誓要做一个漂亮的人。用现在的话说，有颜值就可以任性。

13 岁读《丑小鸭》，却为丑小鸭强大的内心所震撼。它遭受他人的驱逐、子弹的侵袭与猎狗的威胁，经历寒冬冰冻的痛苦，却依然向着“天鹅”的方向前进。它不愿意偏安于老太太那狭小无知的世界，宁可冒险于无知的未来。变成美丽优雅的天鹅，就是它的梦想，哪怕是死。

18 岁老师提及安徒生的《丑小鸭》，别有深意，影射的就是作家本人。我于是再读《丑小鸭》，更去查阅了相关资料。安徒生一生境遇坎坷，家境贫寒，没有受过教育。最初想做一名芭蕾舞演员，后来又想当一名歌剧演员，但都没有实现。他开始从事文学创作，又因出身贫贱而不断遭到别人的嘲笑排挤。但是他毫不气馁，经过不懈努力终于成为一名享誉世界的童话大师。原来，每一个光彩亮丽的背后，都是一部可歌可泣的血泪史。这一部风靡全球的童话书，蕴藏着无数智慧。它赠予我儿童时代想象的翅膀，也带给我少年时代灵魂的震动。

如今再读，《丑小鸭》里有一句“只要你是从天鹅蛋中孵出来的，生在养鸭场又有什么关系！”丑小鸭无疑是幸运的，至少他在有生之年变成了美天鹅，一雪前耻。但，也有人终其一生，无法等到自己华丽转身的瞬间。但，又如何呢？这丝毫不影响他坚持不懈地走在自己梦想的道路上。

丰子恺先生编著的《梵·高生活》，写的是荷兰绘画巨匠梵·高一生行止和创作历程。他终身依靠弟弟救济，却又常为三餐而忧。因为他用绝大部分的钱，买了颜料、画笔和纸张。终其一生，他穷困潦倒，最后精神失常，饮弹而亡。在他生活的三十几年里，孤独一人，漂泊无依，而他的画作根本无人问津。他却沉醉在自己的世界，用激情洋溢、带着神经质的鲜明个性，用短暂的生命燃烧着绘画艺术。直到去世后的很多年，人们突然发现梵·高作品的伟大。如今，他的作品，拍卖价格高达数亿人民币，且为人们争相收藏。

世界巨匠的诞生与毁灭，令人感慨万千。

当这些大师在成为大师之前，无不是寂寂无名、丑陋不堪的丑小鸭。但这一切，并不能阻碍他们前进，如同拇指姑娘，她那么弱小无依，像一只蚂蚁般生存于危机四伏的夹缝中，却从未放弃过对美好天地的追求。

就在今年上半年，我才从孩子们的嘴里知道小旭的梦想是当一名作家。这个曾经离家出走彻夜不归的孩子，是如何拥有一个坚定的目标？那就是阅读。

小旭的父亲常常要上夜班，没有时间陪伴他。三年级以前陪伴他的是电脑，直到父亲收起他的电脑，他离家出走。父亲才开始培养他阅读的习惯，希望用神奇有趣的文字世界来取代虚拟的游戏世界。渐渐的，他很喜欢看书，且看的都是大书，除了世界名著，甚至有《时间简史》这样的天书。父亲是陪着他一起啃完的。虽然不能尽解，但其中的收获自然只有他自己最懂。五年级时，跟随教材里推荐的书，他看了《儒林外史》、四大名著这些中国经典的书籍，语言的风格也偏古文，凝练有趣，颇有玩味。有一次习作是写人，他写的《老顽童爷爷》，题材独树一帜，语言风趣老练，在全班诵读后，还在年级的其它班中当作范文诵读。也正是在那堂课上，有同学喊了一句：“老师，他的理想是当一名作家”。

真好。感谢阅读，赐予人追逐梦想的力量！

02 阅读的丰富性

阅读，是个性化行为。看一个人，通过看他的书柜就能了解大概。一个孩子，也是如此。在班级中，男生往往爱读自然科学、侦探小说，女生则偏爱青春文学、感伤故事。这是性别之别，如果没有考试倒也无可厚非，读自己喜欢的做自己喜欢的就好。但结果往往呈现出两种状态：男生的文章较为平扁干涩；女生的知识面较为油腻单一。

有个男生特别爱阅读，最爱的是漫画《百问百答》。当然是一套好书，但是他只读《百问百答》就不是一件好事了。五年级时，他文章枯燥乏味，犹如一头枯发，蓬乱干涩。跟他的妈妈交流后，推荐了沈石溪的动物小说。男孩子既爱看，又可感受极强的人文艺术性，对他作文的滋养有着“润物细无声”的好处。一年后，他的文章在保留自我特色的基础上，渐渐丰润生动起来。

女生也是如此，一旦爱恨情仇、无病呻吟的作品读得过多，写出的文章也是通篇矫情，令人吞吐不快，大有如鲠在喉的难受。我第一要推荐的是四大名著，让女生感受民族语言的凝练与描摹手法的精致，挤掉文句中虚浮的泡沫，洗掉辞藻堆砌的油腻感。

阅读是单一的行为，但不是一条小道通到尽头，走不同的大道小径，领略不同风情的文章，去见识不同的风景，去创造不同的生活与别样的灵魂。

阅读还是世界性的。因为语言文化的惯性，孩子们普遍更爱阅读中国作品。对于国外的小说，往往自动屏蔽。这是一种新的狭隘，被禁锢在民族文化的桎梏之中。尽管中华民族的文化有着无可比拟的优秀，但其它每个民族也都有着不同的灿烂文化。《绿蔷薇的安妮》《夏洛的网》《窗边的小豆豆》《哈利波特》……这些国外的儿童作品，都是极其优秀的。

民国时期，不少文学大师都曾参与儿童文学的创作，不仅如此，他们还将国外优秀的儿童文学作品翻译并推介到国内，丰富儿童文学的内容。梁启超的《十五小豪杰》、巴金的《快乐王子》、鲁迅先生的《小约翰》等等都是。在那个年代大师们将宝贵的时间用在翻译国外儿童作品上，正是意识到当时国内儿童作品的单一是对儿童无限可能的约束。“孩子是可以敬服的，他常常想到星月以上的境界，想到地面下的情形，想到花卉的用处，想到昆虫的言话；他想飞上天空，他想潜入蚁穴，所以给儿童看的图书就必须十分谨慎，做起来也十分烦难。”鲁迅说：“中国没有所谓意义上的童话，于是他把目光转向外国。”同时，这些翻译引进的作品也是对当时其他作家的启示，有助于儿童文学多样性的发展。到了今天，世界如此多元、开放，我们的孩子依然需要高质量的精神食粮，汲取宝贵的外来文化与异国营养，感受世界的丰富与复杂，感受文化的多样与精彩。

根据孩子的情况，可以尽早地让他们读长篇小说。低段时，我给孩子们推荐的大多是童话、寓言或者短篇故事。到了三年级，就要推荐长篇小说。长篇小说通常对人物的性格与命运走向，对时代背景的描述与解析，都有着深刻的表现。在持久的阅读中，孩子能和故事中的人物培养出特别的情感，甚至产生共鸣。这是短篇小说所无法拥有的魔力。到了五六年级，就可以阅读大部头作品，比如我国的四大名著与刚获得“雨果奖”的《三体》，国外的《堂吉诃德》《哈利波特》等等。这些作品通常格局宏大、立意高远、人物关系错综复杂，有些很难读，有些也很难读完。但坚持“啃”完一部大部头作品，需要时间的坚持以及长久思考的能力，往往能在孩子的心里刻下一个人物，植入一种情感，梳理一条道路，开辟一个世界。这便是阅读的意义与趣味。

孩子们在一年级学完拼音后，就可以推荐他们阅读带拼音的书，《尼尔斯骑鹅旅行记》《我爸爸》《我妈妈》等等。起初可能也会磨磨蹭蹭，哭天喊地地拒绝。爸爸妈妈可以陪着在睡前坚持读完5页。先是慢慢拼读，后来就越拼越快，越读越多。直到读完这些书，还想再读小长篇，就不会有最初的磨叽，反而沉浸在追逐人物命运走向的乐趣之中。而那些小短篇、小绘本则成了阅读世界里的小菜一碟，餐前读，路上读，课间读，随时随地地读，像消遣，像娱乐，轻松自在。

无论尝试阅读一种不喜欢的类型，还是去读不习惯的外国故事，抑或是一部天文数字的鸿篇巨作，都要去改变长期积累的阅读习惯，这总是困难的。但也只有改变，才会进步；只有尝试，才获得不同；只有博览群书，才有厚积薄发的可能。

03 博览与熟读

看金庸武侠小说《神雕侠侣》，金轮法王指出杨过功夫的大问题，就是“博而不纯，杂而不精”。

也看过一则漫画，里面的人在挖井，每次挖到快要见水的时候就放弃了。接着，又去挖了无数个坑，最后一口水也没挖到。

还遇到过一种人，在聚会上总是侃侃而谈，天南地北天文地理，无所不知，无所不晓。可是一遇到专业人才，就漏洞百出，发现全是一场尬聊。一位朋友读百家书，走万里路，见多识广，也热衷海聊。某日去医院看望病人，询问起病人的情况后开始滔滔不绝，从病情、病因到治疗的方法乃至病愈后的注意事项，那阵仗完全就是一个脱了白大褂的顶级专家。她说完，边上的一位老者就朝她笑了笑。后来一经介绍，才知道老者就是这个科室的专家。这位朋友每每说起此事，头都摇得跟个拨浪鼓似的，当时恨不得长个龟壳好把老脸藏起来。

前文中提及的人生开挂的大哥，童年不幸，父亲早逝。通过努力初中毕业考上了中专，但他并不止步于此，在整个中专时期自考了大专和本科，英语过了专八，最后考研读博留学，成了经济学专家。他的人生之所以完美逆袭，离不开那把金钥匙——中专三年他完成了熟背《英汉牛津词典》的壮举。

诺贝尔文学奖获得者莫言回忆儿时往事，总要提到他因穷困中途辍学，但特别爱读书。他特别提到的是，因为那个时代的物质匮乏，书成了极大的奢侈品。最后，他把家中的一本书翻烂了，这对他今后的文学创作有着非凡的意义。这本被翻烂的奇书叫——《新华字典》。

很多孩子跟我说，《昆虫记》一年级就读过了，到了三年级想看别的书了。当然是可以的，只是每年我都建议孩子们挑一本去年读过的书今年再读，会读出不同的感触来。这恰恰证明你的成长。有个男生很喜欢沈石溪的动物小说，三年级读会为动物世界的情感所震惊。到了五年级再读，却说出了“沈石溪写的不仅是动物，好像也在写人啊”的感悟。一本好书，要反复地读，才能透彻吸收它的全部精华。陈温的妈妈说家里的《百科全书》快被他给翻烂了，加上记忆力好，说到什么都懂似的。果不其然，上课说到各种动物，山里的海底的，北极的南极的，他总能头头是道，精准地说出每一个数据，用他自己的话形容就是——我就是一本行走的“百科全书”。

读书如人生，人生亦如读书。博览是广度，熟读是深度。要博览，也要熟读。博而不精，杂而不实，是大忌。人生最终靠是“术业专攻”，才能独步天下，才能在一个领域里成就一番伟业，成为一个标杆。

2 爱要投其所好

我们从不轻视阅读的力量，只是缺乏更好的执行。

并不是所有的孩子一开始就能感受阅读的趣味与愉悦，也就很容易失去坚持的能力。我们要做的就是帮助孩子们坚持阅读，直到他能从枯燥的文字里感受到广阔的天地、神奇的世界、无穷无尽的新奇，他就有了继续的力量。

要培养孩子阅读的兴趣与习惯，一定要秉持投其所好的原则。

01 奖着读

典典是一个没有耐心，不喜欢阅读的孩子。对她来说，画画比看书有趣。如果有时间，当然更愿意涂鸦，而不是阅读。于是，当她进入一年级，我们就约定：坚持每天阅读，要记录页码，以此监督自己完成阅读任务。每当完成一本书的阅读，就予以奖励，奖励的方式是一本她喜欢的书再加另一件她喜欢的事。她阅读的第一本长篇故事就是《哎呀疼医生》，讲述的是哎呀疼医生给动物们治病，机灵的猴子奇奇，勇敢的大狗汪……最后这些动物帮助哎呀疼医生打败了海盗。这是为一二年级的小朋友特制的童话故事，有神奇的想象，有温情的人物，还有趣味的情节……起初读得特别慢，也需要每天监督。大概一个星期后，已经不再需要催促，而是主动捧起故事书，对每天 5 页的阅读量已经无法满足。然而，我只要求这点阅读量，以此保证阅读的质量、适当的速度、持久的期待以及尽可能的思考。这种手段有点像“一千零一夜”。因此，阅读一部通俗易懂又富有趣味的书，是牵引孩子入门的较好办法。

02 用着读

文文的妈妈是个幼儿园老师，擅长幼儿教育。文文呢，是个特别调皮个性的孩子，可你绝不会讨厌他。他瘦小的身子里，总有无限的能量与机灵劲儿。每当我们涉及到某种动物，比如虎鲸。他就会举起手来，开始侃侃而谈，进入自报模式把虎鲸的特点介绍个透；再比如我们在上课中提到了《飞向蓝天的恐龙》，提及鸟类的一支是恐龙的祖先。他又不断地补充课外知识，几乎到了要把语文课当科学课来上的程度。之后每当我们要上关于动植物的课文，我就会请他去做一个 PPT，给大家先介绍 5 分钟的课外知识，满足他所有的表达欲望。妈妈总会和他一起精心准备，力求知识点的简洁与完整，为儿子第二天的表现做充分的准备。精彩的演说，获得全班同学的掌声。来自集体的赞美，对一个孩子来说是莫大的荣耀，是激发他继续阅读的动力。

03 陪着读

小旭是个聪明的男生，只是最初还是调皮任性，偶尔还会离家出走玩失踪。我和他的父亲交流了，从多方面入手来改变这个男生，其中有一项，就是当他孤单一个人在家里无所事事时，难免就会要看电视、玩电脑。当电视和电脑都无法满足他的时候，就会逃出去，到别人的家里和小伙伴们一起，不知道会干出些什么事来。不如就培养他阅读的习惯，一个人如果爱上阅读，加上老师每天布置的阅读任务，想必他就不再愿意干出叫人措手不及的事来。父亲做得很好的一点，就是陪着孩子一起读，读男孩喜欢读的书，诸如《生命与进化》《狼图腾》《科学简史》之类。一开始你会好奇一个小男生会读得明白吗？直到某天他在课堂上提到《狼图腾》，说出“人失去的不是草原而是人与自然的和谐；民族失去的不是狼图腾，而是自由、勇敢与永不屈服”的见解，我们被深深震撼。全班同学都感受到了智慧的光芒。这种光芒源于对阅读的积淀与释放。小旭的爸爸说得好：“先别管孩子读得懂读不懂，只要他愿意读下去，就一定是被其中神奇的部分所吸引。这种神秘的东西，是我们大人看不见的，那是孩子的专属。”牵着孩子的手，打开阅读的大门，畅游在书籍的海洋里，是件多幸福的事。

04 挑着读

男生大多喜欢读历史，读玄幻，读武侠，读海盗，读福尔摩斯。男生似乎天生就喜欢宝藏与秘密，探险与财富，感受“书中自有黄金屋”。

女生则不一样。女生爱读童话故事，最初钟爱的大多是公主与王子，渐渐就转向灰姑娘与霸道总裁。难得高雅的愿意读读泰戈尔的诗。通常情况下，我会推荐女生读《窗边的小豆豆》《红楼梦》、三毛的书……女生天生细腻，除了阅读精致的文章外，还需要日本文学中小豆豆的淘气顽皮，需要中国文学史上第一女主人公林黛玉的“孤高自许，目无下尘”，以及像三毛那样个性又美丽的女作家。网络上曾流传她的照片，传达她超越时代的审美情趣与时尚意识。五六年级，还可以试着读张爱玲的小说，绕过五四时期的文风，直接从《红楼梦》一脉相承，拥有超高的中国传统文化造诣。美不只有一种，通过书本的世界找到不曾领略的风情。这正是“书中自有颜如玉”的意义。

05 写着读

“书中自有千钟粟”。热爱阅读的孩子会有很疯狂的一面，有个男生一年要读 100 多本书。这当然是件极好的事。爸爸说“这孩子除了吃饭做作业以及运动外，几乎把所有的时间都用在看书上了，一本接一本，乐此不彼”。只是，这“好”事一旦突破了“极”点，就可能不完全是件好事了。书读得太多太急，犹如积食难消。一本尚未消化，一本复又填入，真正吸收的营养少之又少。阅读之中或者之后，还需要简单输出，帮助吸收营养。文文懂得利用 PPT 梳理阅读的知识点；小旭通过课堂答问展现精彩瞬间；很多女生则通过华丽的篇章流露“腹有诗书”的气质。这种精彩呈现，恰恰是对知识内化与运用的表现。

释放与投射的方法很多，最初可以适当做读书笔记，我们坚持做到“四不限”：书籍不限；字数不限；内容不限；形式不限。不限，就是自由。写上两三篇，随着年龄增长而逐渐递增。养成有感而发，随时笔录的习惯，对于写作水平的提高是极大的帮助。

我则喜欢写读后感。2000 年拜读马尔克斯的《百年孤独》，如啃一块黑面包，只捋清了大概的情节；2014 年再读，花了 1 个月的时间，争分夺秒地翻阅，倒不是有人催促我，而是经过十四年的时间，我领略到这本奇书的魔力。读完后写了 4000 字左右的读后感，顿觉酣畅淋漓。写读后感的过程，并非如想象中一泻千里，洋洋洒洒，反倒要反复思量，再翻开书本回到故事中斟酌细节，再读再改，生怕错漏了内心点滴的感触，直到满意为止。写完读后感，内心的激动持续良久。在某日夜晚，又起笔写了一篇关于“孤独”的文章，将读过的《丑小鸭》《梵·高生活》《百年孤独》《族长的秋天》放在一起，提炼出对“孤独”的理解。通过落笔成文的方式，可以将阅读的感受具体化、系统化、逻辑化，变成理性的智慧。对小孩子来说，更是提高写作水平的一种极好的方法。但，不可强求。读后感，是厚积薄发、水到渠成的创作。即便要求尝试写，也要坚持“四不限”原则，以此保护孩子阅读的兴趣。

阅读是吃，内化是吸收，表达是运用。吃下去，消化了就长一身的膘，只有多运用多锻炼才会变成肌肉，长出健美的样子。而所有呈现的成果，都将激励着孩子继续欢阅下去。

3 作文“根”“本”

人脑的思维，像树根扎进泥土，只有扎得深，长得广，才能汲取更多水源，使思维之树蓬勃壮大。否则，就会逼仄、萎缩，乃至麻木僵死。唯有蓬勃的思维，才能使文学创作的根基扎实有力。

作文的学习不仅仅在于课堂习作的 40 分钟，它是贯穿于整个语文课堂的渗透；不仅仅在于斟字酌句的机械技巧，更在于思维的契阔，角度的独特，手法的创意。

只有明白作文的“根”“本”在何处，我们才能真正帮助孩子写属于他们自己的文章。

01 作文的根，在于“新意”。

一个作家的作品，要在浩如烟海的文学作品中立足，唯一能做的就是创造出史无前例的人物、独一无二的观点、别出心裁的技巧与手法。他们共同的特点就是“创新”。

记得有一年我批阅一个年级的考试作文，主题是父母的爱。可悲的是一沓接一沓的试卷批下来，绝大部分孩子的题材都是“半夜生病了，爸爸妈妈带自己去医院看病并照看了自己一夜”这些被写烂了的事。这对我是一次极大的触动。我们的孩子到底怎么了？他们还那么小，应该是天马行空的脑袋，可描绘出来的竟是模板式的内容，仿佛就是一个复印机，一篇一篇地复制。这真叫人害怕！秉着良心，我难以给出一个高分，即便是写得近乎完美的文句，也无法掩盖它千篇一律、空洞乏味的灵魂。我把这个“事故”在家长会上与家长们分享了，因为保护孩子的创意并不只有老师的责任，更要从生活与学习的点点滴滴开始。

每个孩子都是一个哲人。越小的孩子越具有创造力。黄小畅在很小的时候常常语出惊人，我把他有趣的话都记录了下来，摘录几则 4 岁时的趣话：

他问：“妈妈，你在干吗？”我说：“我在讲故事。”他说：“你在讲《给绵羊挠痒痒》的故事吗？”我说：“不是。我在网上给别人编故事。”他问：“啊！妈妈你是魔术师吗？”“哈……是。我是文字的魔术师。”

他说：“如果你被怪兽吃了，怎么办？”我说：“我会变成小仙子，陪你的。不过，你看不见。”他想了会，说：“我看得见你的。”我问：“为什么呀？”他答：“因为我有梦的啊。”

他突然“卜”地放了一个清脆的小屁。我说：“咦，这是什么声音？”他淡定地回答：“下蛋的声音。”

……

你永远也不会知道一个小孩子的下一句话会是多么出乎你的意料。越长大却越失去，是因为成人世界规则的抹杀。这么美好有趣的小新意，如果能一直保留下来并且继续发展成熟，该是多么丰富的人生财富？

保护孩子创意的萌芽，就要保护孩子的积极性，就要保护孩子的自信心，更要保护孩子的话语权。对待我们的孩子，在日常的生活中多些宽容和激励，去保护孩子的聪明才智。保护一个孩子的聪明，其实很简单，就是保护他们的个性。

有一届三年级转来一名方同学。这个男生习惯闲散自由的学习和生活，几近随心所欲。今天不想上学就不来上学，今晚不想回家就不回家，就在某个楼道里窝一晚。作业也就不可能有。但有一次，他在试卷上写了一篇文章，写得一团一团的，但是很长。我细致地“拜读”，毕竟看起来是他有史以来破天荒的一次认真。文章很跳跃，甚至难以连缀成篇，可是，在仅有的几句话里，却看到了他别于他人的新颖与独创，以及对生活的深刻感悟。他写《眼泪》：下了公交车在转站时，一个老太太来乞讨，可是“等车的人都往边上站了站，表示不给。而我看见了老太太的眼睛里有一丝丝泪光，我又一次看见了世界上的瘦小”。我给了他一个高分，把他拉到身边夸奖了他的文章写得好。他怀疑地看着我。这个聪明的男孩在质疑我的真诚。幸好我是真切地感受他身上的灵气，并且诚恳地表达：“文章很有灵气，能让大家再看得明白点更好了。”那天以后，他对待作文的态度似乎认真了些。小作文写得长了，用笔依然大胆跳跃，一般得不到他人的认可。但我夸了他，在他爸爸面前也夸了他。虽然不是整篇完美，却总有那么一两个句子打动人心。五年级时，这位方同学已经每天都上交作业，作文保持原有动人之处也表达得越来越清晰。

老师也好，家长也好，都要真切地去发现孩子文章里的可取之处，不加吝啬地表扬。每一个精彩的亮点，都是宝贵的创意，都是难得的灵气，远胜于通篇的庸俗和完美的平庸。

美国有个非常有名的“沙利文案”给美国司法最大的启示就是：“保护言论自由的最好方法，就是保护错误的言论。”对于我们的孩子，保护他们的创意，何尝不是从保护他们错误的想法开始呢?

刚读一年级的国庆，我们在旅行回来的途中，为了打发时间，就和黄小畅学一首马致远的《秋思》。读完这首元曲，我问黄小畅：“你觉得这首曲和我们读过的《蝴蝶·豌豆花》里的诗有什么不同呢？”他想了想，一本正经地答：“嗯。不同的地方就是听不懂。”我笑了，他也笑起来。最后我还是必须肯定他，确实是。一首五年级的孩子学的诗歌对他来说最大的不同实在是听不懂。

英国女作家伊夫林·比阿特丽斯·霍尔在《伏尔泰的朋友中》一书中提到："你可以不同意我的观点，但我誓死捍卫我说话的权利。"强制之害，远甚于小生命的灵魂偶尔开个小差所犯的错。那是他的思维不断拓展疆土，在另一片土壤里汲取了你也不曾领略的养分。

只有培养了思维契阔的孩子，才可能让他们从万千复杂的世界选择独特的题材与角度，写出别具一格的文章，而不是永远模仿别人，或者以别人的标准来裁剪自己。

02 作文的本，在于阅读。

我们的孩子不敢想、不会写的很大原因，是知识面狭窄，底气不足。读书，是解决问题最好的方法。一本好书，几乎穷尽作家毕生的经历与才学，其中尽是智慧与精华。我布置学生每日阅读20分钟的作业，假期不断。这个习惯长期且扎实地执行，一定是有效的。

有一届学生从四年级带到毕业，那是我第一次布置每天阅读20分钟并作页码记录的作业，也严格执行检查。在校，每天共同积累成语、格言。这样坚持了3年，到了毕业季很多孩子的作文都形成自己的风格：有的严谨、有的不羁、有的泼辣、有的忧郁、还有的潇洒……

杨班长是个女生，却拥有女生鲜有的严谨，可能遗传自她的父亲——一个工业化学方面的专家。她的文章到后来，真就变成了她的人，篇幅不长，语言凝练，不矫情不造作，是"多一分嫌肥少一份嫌瘦"恰到好处的美。

徐队长聪明机灵，热爱足球、表演和阅读，是校足球队队长，也是班里出了名的"戏精"——常常出演班级校园剧主角而获一等奖，也是那个一年要读100本书的孩子。这样一个多才多艺、能文能武的孩子，写出来的文章就如他的人，充满不羁的情怀，一如他在足球场上奔跑如风的自由，在校园剧中角色里的狡黠，还有沉浸阅读之中的沉静。

蔡蔡是大队长，聪明独立，能干泼辣，四年级时曾因父亲离世的秘密被一名男生当笑话在班内传说，她生气得抓破了男生的脸。她的文章大气豪放，言辞泼辣，角度刁钻，不拘泥于细节。

而那个忧郁的男生，则是因为父母离异，父亲再婚又育一子。生性敏感的他，最爱的就是看书，写出来的文章就是充满了忧郁的色彩，细腻的感触。

……

那么多的孩子把小小的人生与大大的阅读都揉进了作文，深深地打上了自己的烙印，使每一篇作文都成为一件心灵的艺术品，而不是一堆试卷中廉价的复制品。

我们从不小看阅读的力量，但我们缺乏更好的执行，因为阅读永远不是今天我们吃下去，明天就能长出来。他长在我们的血肉里，需要一年、两年甚至一辈子来证明阅读对于我们的意义。

作文的学习是长期的培养，就像对一棵大树的培育，只有发达的根系才能有蓬勃的枝丫，立于风雨中的坚韧不拔。只有丰富的知识、开阔的视野，像肥沃的土壤，让思想开出创意的花朵，发出独到的声音，创造出一个丰富多彩，生机勃勃的作品。

4 童子功的炼成

读书时代，不喜欢古诗文，觉得陈腐之气甚重；如今年长再读古诗文，深感中华文化的博大精深，汉字的精妙绝伦，是一个中国人应该继承的宝贵财富。

只是，在这个应试时代，我们很难用“文化的博大精深”“祖先的无价之宝需要我们来继承”这种大帽子扣在家长和孩子们的头上。即便是跟孩子说理无数，也是无济于事，依然无法改变他们对古诗文的偏见——既艰涩难懂，又不值几分。这是应试教育下的急功近利。确实可以理解，毕竟孩子的时间那么宝贵，分秒都浪费不起。然而，我们必将为这种在学习上的急功近利付出惨重且不可弥补的代价。

多年前我所任教的班级非常优秀，因此我布置了积累古诗文的作业：每周学习、背诵古诗一首，由孩子们自己推荐、讲解。起初，是小小的经典古诗，五言绝句，再到七言律诗，接着是篇幅较大的宋词元曲，到了六年级，已完全满足不了他们的求知欲。有一天，一个沈同学在黑板上抄写了长长的一大篇，原是李白的《将进酒》。他用沙哑的声音有声有色地朗诵这天才的诗篇，周身洋溢着万丈豪迈与万千气概，是何等的帅气与潇洒！我担心这么长的内容会成为大家的负担，就说有能力的同学去背诵。令人惊喜的是：不久之后，这首诗的集体背诵成了我们语文课的开场白。我总能在整齐豪迈的朗读声中，欣慰又自豪地开始一天的新课。

这个班级，也曾陪伴我一起上过极有创意的一堂课《渔歌子》，给大家耳目一新的感觉，原来古诗词可以这样教。这与孩子们的精彩表现分不开。孩子们在课堂上所呈现的古诗文的底蕴与素养则与日常的积累分不开。

如今任教的班级并不是一个优秀的班级，却不乏优秀的孩子。两极分化严重，尤其是尾巴拖得太长，我将绝大部分的精力都花在了这些“扫尾工作”中。对于那些优秀的孩子来说，是不公平的，因为他们没有接受到更好的教学。我把这些孩子叫在一起，跟他们说：“一定要坚持去背诵古诗文。”学生学情的良莠不齐，可能是很多班级存在的问题。当老师们不得不选择照顾大众的方式时，家长朋友们一定要帮助孩子去争取更好的教学资源。

2003 年，我刚刚进入教师行业，那个时候还没有强调阅读与积累乃至古诗文的学习，整个社会还没有出现于丹说《论语》那风靡一时的盛况。但有一位优秀的语文老师先人一步地把积累古诗文的方法用在了儿子身上。她对孔子心生崇敬之情，对于《论语》中的经典话语奉为“教条”。于是，对儿子说：“咱们一起来背《论语》吧。”起初，孩子不愿意。她也并不苛求要每日一条，而是每周背 3 句，如果遇到长的就记一条，要求是滚瓜烂熟的程度。渐渐的，孩子背诵的速度越来越快。这些文言文从他的嘴里出说来，就像说个顺口溜。整个小学，孩子就把《论语》“吃”下来了。

有人说，为了一张试卷上的几分，花那么多时间去背一整本的《论语》，值得吗？答案是肯定的。

孩子的妈妈说，进入初中高中，好处就显现出来了，儿子对于文言文的理解几乎不存在难度。一是《论语》中的诸多字义已了然于胸，二是儿子在诵读的过程里形成“语感”这种神奇的东西，即使是猜，他猜对的概率也是非常大的。如今，男孩在美国，与外国友人聊起孔子聊起《论语》，总是信手拈来，为他个人的魅力增值不少。毕竟，孔子在全世界读书人的心中都有着无可比拟的崇高地位。

冰冻三尺非一日之寒，深厚的古文功底，真不是到了初中再背几篇古文、做几篇习题就能恶补到位的。时间是个好东西，可惜很多人不会好好利用它。小学6年，“童子功”的炼成将深深影响整个中学的语文学习。也只有语文这个科目，小学6年的时光，积累够了，还可以“啃啃老本”且比别人学得轻松。很多人不明白，那些语文特别优秀的人怎么得来的天赋？真没什么天赋，无不是从小就开始积累，就开始阅读，就开始背诵。并且，这些“童子功”错过了小学6年的美好时光，要在中学时期“恶补”，恐怕也是事倍功半。一如我们人到中年，大多数记得的都是小学时光记下的古诗文，中学时背得滚瓜烂熟的《桃花源记》《六国论》早就抛到九霄云外。

童子功犹如骨髓，长在脊梁里，一旦练得必将终身受用。

近几年，社会上已渐渐兴起“复古”热潮，出现很多优秀的小古文书籍。这些根据儿童的心理特点而编辑的作品，浅显有趣，更能激发孩子们的阅读兴趣，为家长们提供不同的选择。可以从这些小古文入手，在循序渐进的过程里，最后终将回归到经典诗文的诵读与积累。

我教典典学拼音总共花了10个半天的时间，差不多就是5天。由此，我发现了她惊人的记忆力。我一直就不想“放过”她的记忆力。于是，在极短的时间里，她完成了《小学生必背故事70首》的积累，如今每周背诵1首宋词。小朋友也不愿意背，总是躲着、闪着，因为这不是老师布置的刚性作业。就算我是老师，也不是她的老师。

我对她说：“一个学书法的人，一定要有深厚的古文底蕴，将来在书法创作的时候，才会有真正的想法和造诣。你对这个词的意思不理解，对那个字的起源完全空白，那你如何去表现这个字的魅力，如何传达你的理解呢？”

她才愿意开始背。宋词太多太难，起初我会挑简单的开始背诵，因为大多数孩子并不愿意，一旦简单的篇章并未变成她的负担，反而成为一种成就，慢慢地就会变得喜欢；接着让她自己挑喜欢的背诵，有时她读着有趣了，就会自己挑些喜欢的。典典喜欢李清照的几首《如梦令》，其中“知否？知否？应是绿肥红瘦”，她觉得“绿肥红瘦”就甚是有趣；简单的和喜欢的都挑完了，就开始分类背诵，比如分作者背，她喜欢李清照就读读李清照的故事，了解中国历史上最伟大的女词人的生平，再读她的词就更能理解了；也可以分内容背，如描写春夏秋冬的，描写离别的、友情的、思乡的等。有时候，真的太难了，我就教给她一些方法，把这个小诗词改编成一个小故事，能完整地说下来，再加以记忆。

如果孩子的记忆力并没有那么出色，我们就放弃不背了吗？在学有余力的基础上，可以把脚步放得很慢很慢，哪怕一周记一句，哪怕两周背一首。我们像蜗牛一样前进，只要不放弃，也终究会走到金字塔的顶端。

再退一万步，真就是记不住，那就诵读。每天大声朗读 10 分钟，每一篇都要读到脱口而出地流利，就像疯狂英语的创始人李阳一样，当初学英语靠的就是大声诵读。这是培养语感极好的方法。

我想无论如何这 10 分钟，总能够挤出来。一年级时，典典有时候是在去学校的路上背的，有时候是在回家的车上背的，有时候是在早餐结束等着上学的间隙背的，有时候是在睡前背的，有时候是在旅行途中背的。咱们可以把“背”换成“读”。时间，就像海绵里的水，挤一挤就会有的。而爸爸妈妈就是挤海绵的人，只有你坚持挤海绵，孩子才会有获取源源不断的水源，收获更多的知识与可能。

5 你的作文为什么没有血与肉

初写作文，孩子们总会寥寥数句完成一篇“流水账”。流水账，只有骨感，没有血肉，没有丰满。即便在以瘦为美到极近病态的时代，也无法改变文章对丰满的审美要求，尤其是小学生的作文。

为什么你的作文没有血与肉？

01 缺乏阅读与积累，就是缺乏血与肉

这些年来，不少家长和朋友曾问我假期里可不可以指导孩子们写写文章。我都拒绝了。写作这东西，没有捷径。自问没有能力一日两日将孩子的写作水

平拉升一个档次，也脸皮太薄忽悠不得人。

作文是厚积薄发的书面表达。有人不费吹灰之力，信手拈来就是华丽篇章，除了老天赏饭吃，剩下的大多是阅读与积累的功劳。多读名家名作，反复熟读，就能汲取作家语言的灵性，在合适的时刻自然地运用到作文中去。这是润物细无声的力量。要相信：吃下去了，终有一天会长成血肉与灵气。

班中的一个孩子聪明机灵，幽默风趣，作文也跟妈妈说坚持要自己写，妈妈支持他自由发挥。三年级时，凭着小幽默就能在班级的佳作中占有一席之地。到了四年级，便见不到优势了。妈妈着急了，问我作文怎么不见进步，还是这么枯燥干瘪。是这个孩子在阅读的环节出了微差。我们翻开他“每日阅读”里的记录，会发现他读的书基本都是《百问百答》类的漫画式科学小书。这是男生的特点，无可厚非，也不必苛责。只是，如果要提高写作的水平，专读这类书一如吃饭挑食就会营养不良。妈妈反馈家中情况，确实喜欢看字少图多的漫画书。如果着急，就要去看文艺性的书；不着急，就从字多的书看起，无论是科学类的还是文学类的。经过一年的恶补，五年级时孩子保留了几分幽默，又增添了几分文学性，逐渐形成独特的个人风格。文章屡屡获奖，见诸报端。

有家长说：“我们早就给她买了作文书，可是也不管用。”作文书中的文章大多是规范之作，少有新意，鲜有灵性，对孩子的思维是一种约束与禁锢。看作文书长大的孩子，鲜少有能跳出范文写出超越之作来。作文书只是范本，并非方法，用对范文的模仿替代对作文的学习和训练，最后呈现的不过是一个复印件加另一个复印件而已。因此，我不建议孩子们看作文书。没有范文的模仿，起步时孩子会写得特别辛苦，但只要坚持下去就能收获“百花齐放”的繁荣。

02 惰性使思维僵化

文章由字词句构成。读过最短的诗，题目《人与人》，正文：网。题目《城市》，正文：工地。用得妙，一字一词皆可成诗。因此，一旦缺乏字词句的有效练习，就会给思维偷懒的机会，形成惰性。语文习题中有写含有反义词的双音节词语，有些同学会写“大小，上下，前后”这类极其简单的答案。看起来是对的，但我给了叉叉。这些很简单的答案，就是孩子们思维偷懒的表现。还有很多更好的词语可以写，如开关、是非、动静、来往。词语的丰富与积累，是锻炼思维的小手段。

三年级的一次单元测试，有一道题目是这样的："太阳像个"大概 25 个同学写了"太阳像个大火球"。这是一个多么可怕的现象。如果你的孩子从一年级到六年级造的关于太阳的比喻句都是"太阳像个大火球"，那么这个孩子的思维已经僵化。你难以想象一辆长期停滞的汽车，会拥有一个怎样报废的发动机？

于是，全部打叉，之后布置一道新题：每人写 3 句及以上关于太阳的比喻句。第二天，收到了千奇百怪的句子，挑了一些在班级里与人家分享：太阳像小姑娘红扑扑的脸蛋；太阳像喝醉了酒的爷爷的脸。太阳像个红红的大圆盘；太阳像一炉沸腾的熔浆，那么耀眼；太阳像个大红灯笼高高挂在天边；太阳像个大喷壶把色彩毫不吝啬地涂抹整个世界……也有写得夸张的或者完全错误的，但是没关系。只要写了一个与众不同的句子，就证明孩子有思考的过程，这就是意义。

03 生活狭隘，使灵感枯竭。

造句，也是小学作业和测试中常常会出现的题型。一般情况下，孩子最喜欢造的句子，都是跟学习有关的。比如：用关联词"如果……就……"说一句话，他们会说："如果明天不下雨，我们就去春游。""如果我好好复习，就能考出好成绩。"这些低效的说句训练，并不能给孩子们带来多少好处，不过是应付题目而已。但是作为生活逼仄的孩子们，真的难以打开脑洞，让新鲜神奇的句子欢蹦乱跳地落在本子上。

作为老师和家长，我们都要提出更高的要求。我在家长会上分享了这个想法，并建议大家在查看作业时，如果发现这些情况，可以引导孩子们重新造句，找一找电视里看到过的故事、网络上读过的新闻、或者书中的故事都可以拿过来运用。有位男生特别喜欢读沈石溪的小说，他会经常把动物世界里的现象迁移到造句中；还有的孩子喜欢读《昆虫记》，就会把昆虫世界里的秘密带到练习中；还有的孩子会把生活里的部分，外出的表演啊，旅行的趣事啊，学习技艺的艰辛啊……巧妙地运用到了作文中。这就是艺术源于生活。

有一次考试，遇到这一题："考场上真安静啊，安静得……"很多孩子习惯性地写："安静得一根针掉在地上都听得见。"估计，绝大部分人的大脑都会条件反射似的冒出同样的句子。这大概是30年前我小学时代的金句，生命力之强竟能穿越信息时代的抵挡存活得如此强势。难道没有人质疑过"谁会带根针上考场"的事实？这时有个男孩举手了，他微露骄傲之色，一连报了三个答案："考场里真安静，安静得只剩下笔尖书写的声音；安静得只听见墙壁上时钟里'滴答滴答'走过的声音；安静得只听见大家思考的声音。"我们不禁鼓起掌来。下课后，他告诉我昨天晚上被老妈强逼着想了三个。哈，应该给这位妈妈集体的掌声，为全班的孩子都做了极好的示范：只要愿意动动脑筋，就能让艺术与生活碰撞出符合实际又精彩至极的思维火花。

从根本上说，丰富的生活才是新鲜创意的源泉。陪孩子去旅行，见识各地的文化与风俗；参加公益、比赛、演出等活动，感受内心的变化与成长；还可以饲养有趣可爱的小动物，丰富内心的情感与爱心……有了丰富的生活、开阔的视野，就能拓展孩子的思维，充实孩子的语言。

扎实有效的字词句的训练，如同大树根系的无数末梢，它们在不断试探新的领域，开拓可能的疆域，为将来的作文提供更为丰富独特题材与细枝末节，同时还有无数字字词词句句的血与肉，将一个骨干变得丰韵细腻起来。

04 肥瘦需相宜

有一个家长跟我探讨孩子的作文，她说："老师，我儿子的作文不是流水账，是白描。"

白描，是用最朴素最简练的笔墨，不事雕饰，不加修饰，如实勾勒人、事、物的特点。鲁迅先生曾用十二字概括：有真意，去粉饰，少做作，勿卖弄。马致远的《天净沙·秋思》，运用的就是白描手法。凭借几个事物的巧妙罗列，就展现了孤独凄凉的意境。

"白描，是一种极高的写作手法。"我跟孩子的妈妈说，"白描的都是精华。所谓精华，就是事物最优秀最精粹的部分。说得通俗点，就是削去一堆无用的废料，剩下最精干的部分。他的作文还没有丰满过，哪来的精粹？"

最初的简单，只是简单；复杂后又重回的简单，是沉淀的简单，其实不简单。没有经历过丰满的白描，不会是真正的白描。但，白描确实是我们追求的目标。

华丽辞藻的堆砌，本身就是一种病。不知从何时起，我们对孩子的要求是把开头写得优美，用一长窜比喻句，再加一堆好词语，装扮成一个臃肿的华袍。结尾处再写上一堆短促有力的口号，叫人热血沸腾。可惜，这种虚胖，并不曼妙，更难以动人。

在经历不断丰富细腻的描写后，我们在修改作文时，还是要秉持一个原则：删掉多余的字，就像舞蹈家把身上的每一粒脂肪都挤出身体，变得有力又轻盈，温柔又强劲。

我们得把文章写胖了，再改瘦了，留下一身健硕的肌肉，字字铿锵，句句强劲。健康的“瘦”，才是真的美。

6 有智商的苍蝇

艺术源于生活。生活的丰富与宽广，大大提升孩子文章题材的独特与精彩的概率。

01 发现素材

有一次，我们要写观察日记。早早地布置了种豆芽、瓜子、大蒜或者观察小动物的任务，要求每天观察，并记录种子的变化以及变化带给自己的心情。1个月后，写作文了，孩子们写得特别丰富与真实，似乎都突破原先的极限，写出了人间的真情烟火味。这么接地气的文章，都源自孩子们切身的体验与细致的观测。

只有丰富的体验，才能给孩子更多的选择素材。燕妈性格开朗奔放，不像江南一代妈妈的细腻，管理孩子较为粗糙。孩子在学习上没有呈现优势，但在班级担任各项工作倒是大方得体，聪明机灵，很多事都办在我们说出口之前。有一次，我批作文，就看到她作文里写老师的片断，描写我如何训斥没交作业的她。她用了一个词“河东师吼”，且认认真真地加了引号，叫人看后忍俊不禁。她把没交作业称为“没按时交货”，有着女生少有的幽默与豁达。尽管整篇文章的描写尚未到精妙的程度，但是我给她的作文本首页标注了一个五角星，在下面写了“奖励个性化语言”。她拿到作文本时，那撑大眼又捂嘴偷笑的样子，是女生少有的调皮狡黠。

燕妈说：“在家就这样，别的女孩子喜欢跟洋娃娃玩，她喜欢跟小虫子玩。我也随便她，因为我小时候也这样。”那天，小燕同学正拿着IPAD看视频，看着看着，一只苍蝇飞来了，落在屏幕上，她小手一挥，苍蝇飞走了，可是不知怎么淘宝突然被打开了。燕同学还以为是IPAD“抽风”，关掉淘宝，继续看视频。可是，这恼人的小苍蝇又飞了过来，停在屏幕上，小女孩的小手再次挥了挥，苍蝇又飞走了，淘宝又自己打开了……这一来一去，小女孩不觉大笑起来，原来是这只苍蝇学着人类玩起了触摸屏，指不定还是个“购物狂”。于是，她把这件趣事记录下来。所以，就有了这篇《有智商的苍蝇》。

我在班级里夸奖燕同学，有人就急了：“老师，我家没有那么聪明的苍蝇，那怎么办？”我答他：“可你家有那么聪明的你啊。”绝大部分的孩子，生活大同小异。可是在同样的经历里，依然有人写下了佳作，有人一无所获。英国作家勃朗特一生未走出过庄园，也未曾恋爱结婚生子，却写下了《呼啸山庄》这样的复仇故事，被誉为“英国文学史上最独特的小说”、一部“奥秘莫测”的“怪书”，享誉世界，经久不衰。即便概率低到文学史上绝无仅有的罕见，我也想说：并非所有的情节都是经历，还有很多是想象；并非所有的情感都是想象，绝大部分是作者的经历。捕捉生活的细节，也要积淀内心的情感，这些都是绝佳的写作素材。

孩子们十几年的人生大同小异，除去特别丰富精彩的生活外，剩下的相差无几。如何发现与捕捉生活的素材，将写作变成有意义的记忆和记录，则是我们要共同帮助孩子们实现的。

五年级时，教材中有一篇《桥》的微型小说，运用了许多技巧，最令人印象深刻的就是前文设置悬念，结尾揭示人物关系时所带来的震撼。学完这个单元，我们要写作文了。方同学是特别聪明的孩子，他的习作是写爷爷的，最后一段只有一句话："我的爷爷去世了，就在我弟弟出生的第二天。"可能，连他自己也不曾明白这一句的精妙所在。大喜与大悲，人世间最大的两件事——生与死，就这样巧合地碰撞在了一起，通过他的笔自然地流露出来。读后，叫人有说不出的滋味，是喜或是悲？他表达得恰到好处，又意味深长。

02 积累素材

《契诃夫手记》是关于小说家契诃夫的书，却不是他的小说，而是他在生活中的零星记事，是契诃夫逝世后别人给他辑录的。这些记事可能是写在小本子上的，也可能是写在正读的书边上的，甚至可能是写在一张火柴盒子上的。内容五花八门：记录天气的，一个小小的场景的，途中听到的只言片语的，或者是摘录的一句话，应有尽有。随时随地、深入细致地观察生活，记录生活，是对生活思考的呈现。

我们的孩子不需要人人都当作家，所以不需要极端的积累方式，实在难以做到。但，积累素材对于写作的意义是非凡的，也是要去努力做到的。

几年前，有家长就给孩子布置了一道作业，就是每天在 QQ 说说里写一条今天的感受或者印象最深刻的事，自己或者别人说过最有趣的话。起初孩子也是犯难，甚至哭闹。但是一个月后，当我们渐渐遗忘曾令人激动不已的事件时，男孩子再回头翻阅 1 个月前的趣事，他看着一条一条"说说"就笑了，再看看又笑了。之后的"说说"，渐渐变成了他说趣事的地方。他会不停地去翻看，那些最有趣的故事就印在脑海里，如同一个存储故事的宝库，随时等待他的调取与运用，成就了他多篇佳作。

如今除了 QQ，还有微信与微博，都可以记录，还可能圈粉获赞。

除了文字记录的形式外，还有照片。我布置了种小植物的任务并且要拍照记录时，这可高兴坏了这些小家伙。要知道，平常爸爸妈妈决不允许他们碰手机。这下可就名正言顺了。听说，他们会撅着屁股，趴在地上拍各个角度的照片，一张又一张，一个月后，他们开始整理照片，在对比中发现豆苗的变化过程，再用文字的形式加以记录和修饰，就变成了一篇不错的观察日记。

当然不只有观察日记，有时需要拍照。春游秋游各种活动都可以记录。有一次春游，一个孩子就带了 IPAD，原本是想去拍春天的，拍着拍着就拍成了纪录片——纪录班级春游的实景片，有的卷着本子在假唱；有的手舞足蹈，群魔乱舞；有的坐在野餐垫上，做个实实在在的吃货；还几个一起玩着陀螺……他通过一张张照片进行回忆，写下了《春游百态》。

读过的文章，也可以摘选、记录和收藏，都是备用的素材。早些年在网络还没有那么发达的年代，孩子们会去买读书摘记卡，一叠叠，都是用作日常读书时的摘录，并且进行分类，风景的、状物的、叙事的、抒情的，偶尔拿出来读一读，背一背，和同学们进行交流，形成一种共享的模式。在网络发达的年代，可以"复古操作"——做摘记卡，也可以在网页阅读中截图保存或者收藏，与同学们群里进行链接分享。只要孩子喜欢，无论哪一种方式，都能记录生活，留住精彩瞬间，变成记忆宝库里的一笔财富，随取随用，只添不减。

再平凡的生活，也有心潮波动的一面；再枯燥的日子，也有精彩纷呈的时刻。素材，无处不在；灵感，随时迸发。关键在于发现与积累，记录与筛选，表达与呈现。

7 夺人眼球

作文，功在平时；但在考场之上，必然要学会讨巧取悦。我们的孩子需要阅读的修炼，也需要诀窍的取胜。

01 立意要求异

大大小小的考场作文，阅卷无数。能取得高分的文章，极少；眼前一亮的冲击，至关重要。在阅卷老师批红了的双眼中，孩子你需要靠什么来夺得老师的关注，心甘情愿为你打下一个高分，且要其它阅卷老师信服？必然要有"杀手锏"——够新鲜，够创意，够别具一格。

世界有360度，如果我们在刹那间想到的主题，请直接忽略。我们玩的就是新鲜。作家迟子建曾谈到大学时代参加现场作文比赛，要求写"落叶"，她第一时间想到的就是："落红不是无情物，化作春泥更护花"的奉献之爱，但立刻被自己否定。自己马上想到的，别人必然也能马上想到，于是她思考很久，最后写了一篇关于“落叶联想到历史”的文章。尽管后来想起来，略有牵强，但是胜在不同，博得不少评委老师的好感。

我高考那年，习作题目是给了一则话题作文“答案是丰富多彩的”，很多同学都写了议论文，批判当时教育的呆板与单调，对学生鲜活思维的扼杀。如此显而易见的主题，写成一篇议论文简单、保险、迅速，脑袋中无数的案例以及作为一个深受其害的学生该是有多少愤怒要感慨啊！但是，那一刻我打住了。当所有的学子看到此题有满腹牢骚要发时，这是一个危险的信号——这样的文章很快就会淹没在浩瀚的卷子中，阅卷老师只看个开头便明白过程与结尾，根本无法引起他的兴趣，也无法给予高分。体裁的大众化，加大了文章平庸的可能性。我果断放弃议论文的体裁，选择写了一篇小小说，写两个孩子的一场争执，最后在老师巧妙的化解下，明白了“答案是丰富多彩”的道理。

这种对创意的渴望，对陈旧题材的突破，是一种艺术野心。我们的孩子，如果没有这样的追求，就需要培养和锻炼。

立意，是文章的灵魂。它的创意，直接决定了文章的高度。为了锻炼孩子们对于立意的把握，我们会对孩子进行小片段的练习，隔三差五地写上百字小文。有一次，给孩子们一幅画，画着三根竖着的线条，你会想到什么？请写百字左右的文章。第二天，交上来了，有人说想到“头上三条黑线就是头上冒汗”，很形象，不错，也不好；有人说她想到“这三条线就像两条路。于是，就有了生活不仅有苟且，还有诗和远方”，虽然牵强，胜在诗意。最后，有人说他想到了“一个篱笆三个桩，一个好汉三个帮”的团队精神。就是这个了，要形象有形象，要精神有精神，完全符合高大上的原则，能完美取悦阅卷老师。

02 选材要独特

很多时候，考场作文是命题或者半命题作文，我们在立意上选择的余地是极小的。确定文章的形式，会为文章增色不少。比如：选择说明书的形式诠释“母爱”；用自述的形式介绍非人类的事物；用书信的形式表达情感。有一年家长会前，我请孩子们给爸妈写一封信，封好放在抽屉里。爸爸妈妈在等待的时间里阅读并回复了孩子的信。这些都是他们的私人信件，我不会去看。后来，有一个“给爸爸妈妈写一封信”的征文比赛，我问班级里是否有同学愿意拿出自己的信件参加比赛。冯同学把自己和父亲的书信交了上来。这父与子的信，一起被编入书中。大概是所有参赛作品中绝无仅有的父与子的书信来往吧。所以能够脱颖而出，成功突围。

如果形式的新颖是锦上添花，那么这真正美丽的锦缎自然就是所选的材料。

每当写起“父母之爱”，在一沓一沓的卷子中，是如出一辙的半夜高烧，父母背着自己去医院，守护了一夜，自己迷迷糊糊中醒来看见妈妈担心的眼神，还有那照看了自己一夜而通红的双眼和憔悴的脸庞……那应该是二三十年前的作文了。那个时候，没有汽车，没有出租车，没有药店，家里也没有温度计和退烧药，只能让爸爸妈妈背着抱着去医院。现在，哪还有这样的“事实”？于是，再美的语言，也是虚假的谎言。

市里征文比赛《我爱湖州的______》，我把几个孩子叫在一起，嘱咐：参加比赛的选手在语言上都有极强的能力，甚至具有个性化，总之不会比你们差。我们现在要从题材上出其不意。几天后，孩子们交上来了，有写名胜古迹的，有写丝绸之乡的，还有写湖笔的，确实写出了湖城的特色，却没有写出新意来。最后一位写的是《我爱湖州“闲话”》。“湖州闲话”是湖州话的方言发音。他写的是湖州家乡的方言。这才是湖州的独一无二。

选材时，可以有大材料上的独特，也可以是小材料上的别致，还可以是细节上的考究。

SS在写绿时，用了一个“爆”字，令人记忆犹新；杨杨在写妈妈时，用了一句“我妈妈很胖，远远望去像个肉丸”，令人忍俊不禁；燕同学描写我呵斥学生时，将“河东狮吼”改成“河东师吼”，令人五体投地……点点细节的成功，也是全文的出彩之处。孩子的文章还做不到字字珠玑，只要有几处夺人眼球的字词句，便是好文章了。

03 开头与结尾要抓人

有人误解：考场作文那么多，老师们基本来不及看完，不就看个开头和结尾吗？虽然事实并非如此，但是开头结尾的重要性，是绝对的。一部商业电影，如果前 15 分钟抓不住人心就是失败之作；如果后 15 分钟不能掀起高潮也是烂片一部。

你看世界上多少名著都有着举世无双的开篇：《安娜·卡列尼娜》：幸福的家庭都是相似，不幸的家庭各有各的不幸；《秋夜》：我家门前有两棵树，一棵是枣树，另一棵也是枣树。

很多孩子的学写作文时，都会被教导：开头一定要写得优美，多用好词好句，多用比喻拟人排比句。但是，真的是拖沓冗长，矫情造作。比如说到“母爱”，会是：母爱，就像一杯牛奶，使我健康成长；母爱，就像一把伞，为你遮风挡雨；母爱……一如便秘，半天入不了正题。看到瀑布式的“裹脚布”，通常只会令人徒增反感。

开篇可以简洁，以哲理式的语言，直接揭示主题，简明扼要，显示高度概括和精准表达的能力。比如：“母爱是一把双刃剑，叫人欢喜叫人愁”。以幽默风趣的方式，展现个性化语言的魅力，比如“我的妈妈很胖，远远望去像个肉丸。但是，这颗‘肉丸’，也是我的定心丸”。

我高考的那篇文章，胜在开篇就是与众不同。我清楚地记得，开篇第一段：“‘我说那是匹马就是一匹马！’说完，我把乒乓球拍狠狠一丢，转身就走。”这是“我”与一位男生争执的开场白，用的是“出其不意，先声夺人”的手法。这一句话丢得莫名其妙，便叫人有了看下去的欲望；甚至能将人立刻带入情境之中。尤其在浩瀚的牢骚怨愤之中，突然来了个不知天高地厚的小清新，一如油腻腻的大餐之后再来根新鲜的小黄瓜，吃起来更加清脆可口。尽管这篇小文在当时看来也不过尔尔，却得到了 56 分的高分，原因真的就在：如果全世界的女生都长得跟 Anglebaby 一模一样，人群里突然跳出个贾玲。那么，贾玲就是个女神，就是个天仙。新鲜，才能夺人眼球。

良好的开场，就是成功的一半。结尾，当然也重要。《海边的卡夫卡》：不久，你睡了。一觉醒来时，你将成为新世界的一部分；《基督山伯爵》：幸福地生活下去吧，我心爱的孩子们，请你们永远别忘记，直到天主垂允为人类揭示未来图景的那一天到来之前，人类的全部智慧，就包含在这四个字里面：“等待”和“希望”。

美好的结尾，也常常让人掩卷深思，唏嘘不已。一般情况下，孩子的作文结尾是口号式的，铿锵有力，掷地有声，未尝不可；理智型的，发人深省；留下疑问，引人思考；余音绕梁式的，意犹未尽，让人回味……无论哪一种，都一定要记得查看需不需要点题，这个“题”，可以是“题目”，也可以是“主题”。结尾点题，不会跑题，甚至还能把跑偏的文章重新拉回来。

善待开头和结尾，就是善待自己的分数。

考场作文，是日常写作实力的集中体现，更需要在每一次习作中去培养他创新的意识，培养艺术的野心。只有每一次百分百的努力不同，才会形成追求创新的思维，在考场上信手拈来，于360度的世界轻易切入属于自己的角度，描绘出别人看不见的世界，带给阅卷者清新与惊喜。

创新，也是一种习惯。

8 你的个性就是标签

近几年，选秀综艺节目在各大卫视争相上演。在唱歌类节目里，听导师们提得最多的就是“辨识度”这个词；在其它综艺类节目中，几乎每一个明星都带着不同的人设。人可以长得不美，有时候，不美也是一种个性的美。你说国际超模吕燕美吗？不美吗？我们很难用一个简单的“美”字，去审判复杂世界的风景。

在这个多元发展的时代中，雷同就是多余，个性才是王者。或者说，做真正的自己，就是最美的。孩子的作文，也是如此。一旦文如其人，就走上了“境界”这条王道。

很多作者之所以无法脱颖而出，是因为技术上完美，个性上平庸。“平庸”在字典里的意义：普通，平常，不突出。在人生的大舞台上，平庸即是失去自我。

我们看一堆作文，竟猜不出哪一篇是某某的文章，这大概就是可悲，就像有时候小组长拿着本子上来说：“老师这个本子没有名字。”教了数年的老师，只要看一眼，就立刻能报出这位无名大侠的真名来。这就是辨识度。而我们的作文，却鲜有孩子的个性特征能突出到令人一目了然的程度。

孩子的个性，就是标签。在作文之前，学做人。这个“做人”，并非道德意义上，而是个性特征上的做人。有的人懂得进退，每到关键时刻，都能做出正确的选择，活成了别人羡慕的样子；有的人不懂进退，遵从内心，似乎做出了错误的选择，却活成了自己想要的样子。人们把前者称作高情商，把后者称作低情商。每一种都是人生，在不违背道义不违反法律的前提下，人活成自我的样子最自在也最美丽。因为无论人如何追求，最终都想要实现个性的解放与自由。

有的孩子生性腼腆，他不喜欢与人过多交际；有的孩子活泼开朗，常常呼朋引伴；有的孩子认真严肃，一本正经；有的孩子幼稚天真，调皮有趣。没有谁比谁好，只要让自己舒服愉悦健康的，又不伤害他人，都是好的。这个世界，也是因此而丰富多彩的。那么，就让我们的孩子保有他们的天性，不要因为他动作慢就嫌弃他希望通过催促而缩短他的反射弧；不要因为她热爱运动就嫌弃她不够淑女而希望通过关在家里而改变她的天性……不要随意去更改上帝的创作，因为也许我们也只是一个平庸者，一不小心就更改了一个杰作的命运。

保护一个孩子的聪明，就是保护他的个性。个性的孩子，才有可能写出个性的文章。我们要给孩子充足的时间，去养成作文的标签。大概 3 年的时间，就会露出他鲜明的特色来。首先，我们要有足够的耐心与信心，期待花开树高。

01 不模仿

不刻意模仿作文书的范文，不刻意模仿大师的语言，写作不是书法，不需要临摹。网络上很多作曲家因为听别国乐曲而灵感激增，即刻创作，等歌曲上线后又陷入“抄袭”风波。人的思维容易受限，当孩子还是一个哲学大师时，我们要把他们放在无限自由的世界里，写出属于他们自己的万种可能，这才是真正的教育。

金金生性幽默，不过幽默更多时候都用在了哗众取宠上。偶尔滑稽搞笑，惹来哄堂大笑，久而久之，便成为老师重点教育的对象。比如三年级时学习《妈妈的账单》一课，我问:“你的妈妈在心中值多少钱？”他第一个举手，说:

“0元。我妈很烦的，就想把她免费送人。”同学们大笑。后来有机会跟妈妈交流这个熊孩子的情况。渐渐的，金金收敛起来。有次下课，我说他“表里不一”。他坏坏地笑着说：“我妈说，小幽默可以保留，但要遵守规则，可以用在与同学相处里，还能用在作文里。老师，上次的小作文，可把你乐坏了吧？”是啊，他的比喻句与众不同：“如果失去语言，我也只是一滩逐渐干涸直至消失的水罢了”“书像打开智慧之门的手，推开阻拦你的魔咒”“妈妈来了，看着我手里拿着平板，死死盯着它，就像魔鬼盯着鲜活的生命”带着他独有的狡黠与聪慧。你一读他的文章，就能想起他笑起来那坏坏的小眼睛。如今五年级，文章渐成自己的风格，语言凝练，带着他小小的幽默与独特的比喻，在一众作文中鲜明独特。

妈妈有时问他：“干吗要写这个？”他说：“我就想写。”被问得烦了，他索性就说“哎呀，你不懂的”。妈妈也只好由着他。是啊，写作必然要“我手写我心”，才会言之有物且有灵性。

一个大学教授的儿子，中考在即，妈妈急得追着孩子复习做练习。儿子在学校看完一场国足惨败的球赛回来后，就把自己一个人关进书房闷了很久。直到爸爸敲门，门才开。不过儿子没有出来，爸爸倒是进去了。不一会儿，书房里传来了琴声。整整一下午，两父子就待在书房里。出来后，两人欣喜地向妈妈献宝：儿子作了一首诗，父亲谱了一支曲，两个人要合作献唱给妈妈。妈妈一边“忍痛”听完，一边心里呐喊：“中考了！中考了！二位仁兄能不能干点正事？”这位伟大的父亲却说：“我觉得这比做一张试卷有价值多了！多好的儿子啊！”正是在这位伟大父亲的“纵容”下，儿子经历了中考高考的失利，在国内读完大学后依然来到美国发奋努力攻读完了生物学博士。

我们太着急获得即刻的利益，而抛弃点滴积累后养成的真正受益终身的东西。

02 任性写

好的作家，对素材的选择百无禁忌。刚开始，孩子的文章确实会辣眼睛，就像画画一样。美术老师说，幼儿园画得越规范越清晰的孩子，往往今后绘画发展的可能性越小。孩子那么小，就是涂鸦的年龄阶段。所以，给他一张白纸，随便画，画成什么样就什么样。我们的习作也是一样，不要用成人的语言与规则，去约束和规范他的语言，渐渐就失去了个人的特色，即便很美也只是“网红”一个。

金金妈说：“老师，金金这次作文写得怎么样？”

我说：“乱七八糟。”

金金妈说：“是啊。我要跟他说怎么写，怎么写。他一定不要我告诉他，还不要我帮他修改。唉……”

我笑了，说：“但是，很是他。”

金金妈再问：“那我要帮他，还是不帮他？”

难得有孩子写作文，不需要妈妈帮忙，那是件多好的事。他也只是现在写不好，要不了几年就能写出他的模样来。

方同学一开始的作文真就是“狗屁不通”。他不是金金的乱七八糟，而是完全前言不搭后语，似乎就与他真身神似，口中常常念念有词，只要不加细听，就不知道他在念叨什么，然而听明白了，你就会觉得他好聪明，说得都在点上。我总是在他不通的全文里找出特别好的句子，画上波浪线，有时候特别好，还会打个五角星。

孩子真的就是哲学家。有时候，我们成人都比不得上他们。就像梵·高在世，人们都达不到他天才的境界。一个天才的境界，本身就不是一个普通的老师或者家长所能理解。

方同学在五年级时的一篇小练笔：

小草有什么错？

有一个星期六的中午，我来到一个有花有草有树的公园。

可是我看见人们爱惜大树没错，爱惜小花也没错。可是为什么就是不能爱惜小草呢？我看见几个小孩子差不多八九岁，他们在草地上踩来踩去，我很生气。

我上去问道：“你们为什么要踩草坪呢？”

一个小孩说：“我们为什么不能踩草坪呢？”

“这里有告示牌呀。”我说。

“可是小草又没有用，而且它们又没有小花好看。”一个小孩说。

“可是小草也没有犯什么错，而且，你是去践踏它的生命和尊严啊！”我说。

“小草要什么尊严。”一个小孩说。

“什么有生命的东西都是，比如马蜂，你不惹它，它便不蛰你，你一惹它它便蛰你，最后死了。马蜂是一名战士，它用生命换了尊严。”我说，“所以，小草也是有生命的。”

小孩子们听了马上跑到别处玩去了。

小草有生命，生命是无价的，人有生命，生命是无价的……不管那是什么，只要有生命就是无价的。

他的很多文章都是字迹潦草，错字漏字无数，标点符号使用也不规范。但又如何呢？在他那些小小的篇幅里、偶尔动人的词句中，展现出来的似乎在滚滚红尘中磨砺过的一颗灵魂才有的深刻体悟。这就够了。这很是他。

有一年区里阅卷，两位阅卷老师批一篇作文，共同打分。我看到一张字迹潦草胡乱的试卷，但是很认真地读完，我完全能感受到这位小作者用笔的奇特才能，于是要给他一个不错的分数。另一位阅卷老师则给了一个超低的分数。这个世界上，懂得欣赏的人并不多。很多人并不能从孩子独特的语言中感受灵性。因此，局限了孩子们的发展，让他们根据成人、普通人的标准在这个世界里循规蹈矩地走着。最后，也必然在这些规则里渐渐失去生命力，活成一架考试的机器人。

小学就算是孩子写作的涂鸦期，尤其在一二三年级，任由他们自己写，不局限题材，不局限形式，不局限用词。只要我们有足够的耐心与足够的时间去培养和鼓励孩子，就能越来越写成他自己的样子。

03 诵读改

改文章难于写文章。对于孩子来说，修改文章之前，反复诵读。

老舍先生说：我写作中有一个窍门，一个东西写完了，一定要再念再念再念，念给别人听，看念得顺不顺？准确不？别扭不？逻辑性强不？

叶圣陶先生说：修改稿子不要光是看，要念。就是把全篇稿子放在口头上说说看。

叶老先生的儿子叶至善在《花萼》的《自序》中记叙了当时的情景："吃罢晚饭，碗筷收拾过，植物油灯移到了桌子的中央，父亲戴起老花眼镜，坐下来改我们的文章。我们各据桌子的一边，眼睛盯住父亲手里的笔尖儿，你一句，我一句，互相指责、争辩。有时候，让父亲指出了可笑的谬误，我们就尽情地笑了起来。每改完一段，父亲朗诵一遍，看语气是否顺畅，我们就跟着他默诵。我们的原稿好像从乡间采回来的野花，蓬蓬松松的一大把，经过了父亲的选剔跟修剪，插在瓶子里才还像个样儿。"

每个作家都有自己的语言习惯，甚至可以通过一篇文章中的常用字的出现概率来判断作品出自哪个作家。让孩子们诵读作文，用的就是自己的语气，轻重缓急，抑扬顿挫，带着自己的理解与日常表达，读出不一样的韵味与感受来。于是，就有了你认为这样改好，他却认为那样改更美妙。同一篇文章，让两个不同的人来改，必然也是会改出不一样的风格来，就好像同一块布料经过两位设计师之手，必然也是剪裁出不同的华服来。因此，诵读改文的意义，便是在此。

04 坚持练

大概到了六年级，孩子的文风渐成，带着个人的标签。

如果孩子的作文，还只是会词语的优美，修辞的堆砌，如同亦舒当年形容一位女星："美则美矣，可惜没有灵魂。"对于作文，我宁愿看到漏洞百出的自我，也不要看到千篇一律的平庸。

这个坚持练，并非练如何"千篇一律"，像个复印机。而是，每一篇习作都练出语言风格。典典写文喜欢给人取绰号，写妹妹的调皮就称她"小猴子"，写奶奶的厨艺好就称她"王大厨"，写家里蜗牛难伺候就称她们"蜗牛中的白富美"……带着一点小俏皮，一点小可爱，一点小童真。再这样写下去，给主人公取绰号就很"典典"了。

继续这样下去，也是乏味的。但是，放心，一个有个性有追求的孩子，一定会有艺术野心。在写景作文时，她就再也不会取个绰号了。有时候，她语言凝练得吓人。她写《我爱湖州的灯火》一文，因为参赛，我倒是想要指点一二。不料看到她的开头和结尾，觉得这是她能写到的最好的开头和结尾了，并未作改动。她看了，沾沾自喜地问："为什么不给我改啊？"我也颇为得意地告诉她："因为写得很棒。"是啊，我不敢加上只字，生怕一动，就破坏了她的意境。

我的一届学生在六年级时，很多人形成鲜明的风格：杨班长的严谨，徐队长的不羁，蔡蔡的泼辣，冯同学的忧郁，沈同学的潇洒……这些孩子都在长期的创作中，把人生的阅历和个性都融入了作文之中，形成独特的标签，使每一个作品都成为私人订制、独家记忆。

而也就在那一年，我终于明白作文教学的捷径，就是做好自己，写好自己。

附推荐书目：

一年级：

《猜猜我有多爱你》（爱尔兰　麦克布雷尼）

《蝴蝶·豌豆花》（中国　金波）

《青蛙和蟾蜍是好朋友》（美国　洛贝尔）

《我爸爸》（英国　安东尼·布朗）

二年级：

《安徒生童话》注音版（丹麦　安徒生）

《伊索寓言》（古希腊　伊索）

《稻草人》（中国　叶圣陶）

《花婆婆》（美国　芭芭拉·库尼）

三年级：

《张天翼童话》（中国　张天翼）

《爱丽丝梦游奇境记》（英国　刘易斯·卡罗尔）

《鼹鼠的月亮河》（中国　王一梅）

《时代广场的蟋蟀》（美国　乔治·塞尔登）

《1999年6月29日》（美国　大卫·威斯纳）

《宝葫芦的秘密》（中国　张天翼）

四年级：

《昆虫记》（法国　法布尔）

《王尔德童话》（英国　王尔德）

《爱的教育》（意大利　亚米契斯）

《夏洛的网》（美国　E.B·怀特）

《假如给我三天光明》（美国　海伦·凯勒）

《一千零一夜》（阿拉伯　民间故事）

《窗边的小豆豆》（日本　黑柳彻子）

《骑鹅旅行记》（瑞典　塞尔玛·拉格洛芙）

五年级：

《森林报》（春、夏、秋、冬）（前苏联　维·比安基）

《草房子》（中国　曹文轩）

《城南旧事》（中国　林海音）

《父与子》（德国　埃·奥·卜劳恩）

《我的野生动物朋友》（法国　蒂皮·德格雷）

《童年》（前苏联　高尔基）

《西游记》（中国　吴承恩）

《呼兰河传》（中国　萧红）

《百万英镑》（美国　马克·吐温）

《小兵张嘎》（中国　徐光耀）

六年级：

《狼王梦》（中国　沈石溪）

《绿山墙的安妮》（加拿大　露西·莫德·蒙哥马利）

《根鸟》（中国　曹文轩）

《水浒传》（中国　施耐庵）

《名人传》（法国　罗曼·罗兰）

《西顿野生动物故事集》（加拿大　欧内斯特·汤普森·西顿）

《鲁滨孙漂流记》（英国　丹尼尔·笛福）

《汤姆索亚历险记》（美国　马克·吐温）

《三国演义》（中国　罗贯中）

《朱自清散文》（中国　朱自清）

《海底两万里》（法国凡尔纳）

第四部分
经历与学习

最好的学习，是实践；最深的体验，是经历。最好的经历，是最好的教育。

我们对孩子的教育，很多时候依然停留在说教的方式上。说得多了，孩子们会生成屏蔽模式，自动切断对喋喋不休信息的接收。恨铁不成钢的愤怒，会让我们冷不丁就举起暴力之手。多次以后，很多孩子就变成“死猪不怕开水烫”，“两耳不闻大道理”。

到底什么才是最好的教育？

在广播里听到一则新闻：国庆长假期间，父母带着孩子去公园游玩，看到地上有很多垃圾，就和孩子们捡了一天，其中最多的是烟头。全家人深受启发：一是出门不要乱扔垃圾。二是吸烟有害健康，污染环境，再也不抽烟。这恐怕是最深刻的体验，也是最好的教育。

只有经历过挫折的磨砺，才会有挑战困难的勇气；只有感受过被爱的力量，才会拥有爱人的能力；只有见识过世界的宽广，才会有冲破藩篱的眼界……陶行知先生说：“生活即教育。”让我们的孩子回到生活深处，深刻领悟人生的真理，进而指导自己的行为。

1 和孩子一起去旅行

诗意与远方，似乎成为文青的标配。有一天，文青有了孩子。孩子成了文青旅行的一个标配。

黄小畅 3 周岁时，我们全家一起去了厦门。那是一趟痛苦的旅行，黄小畅大部分时间都在睡梦中，不在车上睡，就在背上睡，或者怀里睡，把他老爸累够呛。此后，他老爸决定再也不带他出门。

就在厦门回来后，我又带他去了上海。这一次，是我一个人带着他。他很壮实，我实在抱不动他，就让他一个人走，在野生动物园、海洋馆、东方明珠塔，绝大部分的路程都是他独立完成的。走累了，我们就在路边的店里坐下来喝一杯，吃点他喜欢的犒赏他。想不到这次的三天两夜，他基本靠的都是自己的腿且没有生病。由此，我感受到他小小身体里无穷无尽的力量。

那年暑假，他 3 岁半，我打算带他去海南。组织了一大帮人亲子游，5 个孩子5个妈，自由行。他是整个团队里最小的孩子，也是最让人感动的。6天的行程中，上山下海，都是他自己，没有喊过累，没有喊过热，也没有喊过“妈妈抱”。因为我总是会提前跟他商量：“今天我们要去热带雨林玩，要爬山走路，你得自己来，因为妈妈抱不动。如果你可以，我们就和大家一起去；如果你做不到，那么我们俩就待在酒店里玩。”黄小畅同学会小声又坚定地说：“我自己走。”这些天里，我只在游完了热带雨林后，觉得他实在走不动了，才蹲下身子，抱起他走了一段，又放下了他。

如果说带一个3岁的孩子去旅行，他能看到多少风景，记住多少名胜，真的什么都没有。但是，真正能留在他身体里的东西是最深刻和最珍贵的。

4岁那年年初，我们全家去西安。那又是一趟超累的旅程，因为他有了爸爸的依赖，就总是缠着爸爸，走不动，要抱抱。小孩子所有的坏心眼都使了出来。由此，我更愿意一个人带着他到处走，到处玩。没有依赖的他，变得更坚强、独立，还有一个儿子对母亲的体谅。

4岁暑假，他和我一起去桂林和北海。那是他第一次与大海深度接触。他捧着一个游泳圈，站在沙滩上，海水涌上来了，他就倒退几步，仿佛海水会吞了他的小脚丫似的。无论我怎么告诉他不会被水带走的，他就是紧张得不敢前行。想想姐姐过来，拉起他的小手，说：“我们一起往前走几步吧。”他羞涩地看着女孩，大概觉得在女孩面前不能丢脸，就一起拉手往前走了几步，海水又涌上来了。他们两个一下子坐到沙滩上，好像接触地面更有安全感。可是，咸涩的海水一下子打湿了他们的脸和头发。他连连“呸呸”吐着海水，一脸的害怕，等海水退了，他们还在沙滩上。他突然又笑了。原来，真的不会被带走。两个人又站起来，继续往前走，直到海水淹没大腿。他们俩蹲下来，在海水里拼命跌宕起伏，快活极了。那些涨潮涌来的海水扑打着他的头发和脸蛋，过后只剩下他一脸紧张后的快活。几次三番，他哈哈大笑，说：“真刺激。”

5岁，他去了青岛。我们一起爬崂山，来到“觅天洞”前，大家都犹豫了。旁边卖电筒的小哥，不断吆喝，这个洞有多恐怖，多难爬，一定要带个套在头上的照明灯，因为你要用双手爬的。我决定放弃，原路返回得了。同行12岁的男孩也说“这么可怕，我们还是算了吧”。但是，我得尊重黄小畅的意见。我问他：“叔叔说这个洞，很难爬，不如我们就算了吧？”黄小畅说："不要。我要爬。""可是，很难爬。妈妈不能抱你的。""我自己爬。我一定要爬。"看他这么坚定，我再次跟卖电筒的小哥确认。小哥犹豫地看着我，说："应该可以的。买两个电筒戴头上，腾出手来就行。"这么一说，我就懂了他的套路。给黄小畅买了一个探照灯，我呢就租了一个。当探照灯套在他头上后，他激动极了，嘴里喊着："哦，开始探险咯。"在忐忑之中，我们开始爬山洞，虽然狭窄难爬，但是黄小畅在我的帮助下，顺利完成了穿越。出了这洞，见到的就是别有洞天的风景！真美啊！我在洞口给他拍了照片，留下纪念。

是他的坚持，使我们有机会领略崂山之上所见的大海，使我们感受生命张力之下的可能。而那个小小的探照灯，就常常被他戴在头上，然后躲进被窝，假装一场"探险之旅"。

今年暑假，他 6 岁了。我第一次带他走出国门。要出国，就要去办理护照。我带他去办理护照时，他特别郑重其事地对着镜头，按指纹，微笑，显示出长大的架势。直到最后，工作人员直了直腰，往台子下看了他一眼，说："这么小，会自己写名字吗？"还没等我回答，他响亮地说："会。"教是教过他写，可是没有正儿八经地教，他的笔顺都是混乱的，有时候笔画还黏连在一起。我还在犹豫要不要咨询下签名能不能代写。他已经拿着笔，一笔一划地开始写了。他写得好慢，好用力，好认真。这是他人生中第一个有意义的签名。我把它拍照保存了下来。

8 月，我们抵达了芽庄这座美丽的海滨城市，感受了特色项目——泥浆浴。起初他会嫌脏，"黄黄的像大便"。后来，在同行阿姨的竭力推荐下，他终于愿意尝试。"哇，好舒服，像牛奶一样，像巧克力一样。"浑身泥浆，与大自然肌肤相触的亲密，令他惊喜不断。

我们在简陋得不可思议的"国家海洋博物馆"里，看到了美人鱼的"真面目"——化石模型，认清美人鱼并不美；也看到不知名的千奇百怪的小鱼儿——这些无论是海南、青岛、上海海洋馆里都不曾见过的热带鱼；更看到了一个外表简陋的博物馆里依然藏着惊喜与收获。

我们在酒店的餐厅里点餐，因为语言的障碍，更多靠简单的英文和肢体语言来解决问题。打车时，我们靠 APP 和司机交流。要去快艇码头上岛，搭乘出租车司机并不会英文。他把我们带到了一个酒店，酒店门口有会简单英文的工作人员，我和他们沟通，依然没法说清哪个码头。最后，我只好说，我要乘坐一个 boad，faster 那种，并且做了一个手势配着我“咻——”的声音，他们都笑了，连连点头，表示懂了。黄小畅也笑了，嘴里连连喊着“咻——咻——”渐渐的，这个腼腆的小家伙也学会了调皮地说：“Thank you。”在突突车上，跟韩国游客说“Hi”说“bye”。我挺喜欢他厚脸皮的样子，卖弄他可怜的几个英文单词，让我看到他俏皮活泼的一面。

同事每年的暑假和寒假，都会带儿子去不同的国家穷游。买廉价机票，窝在机场转机，一等就是十几个小时，就在机场的椅子上睡觉。他们乘坐过土耳其的热气球，也感受过土耳其内乱的恐怖；他们见识过日本冲绳的美景，也感受过台风侵袭的无奈；他们入住过新西兰的农场，也带着一行李箱的锅碗瓢盆做过地道的中国菜……

再好的攻略，也无法保证旅行的一帆风顺。他们掉过锅，我们掉过钱；他们迷过路，我们栽过坑。我们都经历过漫长的期待，然后为目的地的风景而失望；我们经历过惨痛的失望，然后又在自娱自乐中找到了旅途的欢乐。

涠洲岛的条件太差了：住宿简陋，卫生状况堪忧；半夜停电，我们被热醒。可是，大家骑着电动车去海鲜市场买来海鲜，请老板帮助加工，我们围坐在一起，点着蜡烛吃着新鲜的食材。孩子们饿得饥肠辘辘，把食物一扫而空，我们几个大人没有办法，只好叫老板炒了几盆面，再次一扫而空。我们全桌的人，都为自己痛快的食量而震惊，不时发出爆笑，也不必担心惊扰别人。在小饭馆里，也只有我们一桌子人，在敞开如洞的房子里，享受旅行不同的意义。

为了找到当地好吃又便宜的海鲜馆，我们会走长长的路，问很多很多人，还会遇见好心的当地人，带着我们去他们常去的小菜馆。

如果人生也是一场别样的旅行，我们在旅行中也遇见了别样的人生。这恐怕不是躲在小楼里的孩子，所能遇见的世界的丰富与生命的张力。

今年国庆出行，我把黄小畅的身份证带上，让他自己背着背包，拿着火车票检票，把背包放在履带上安检，一个人站在小小的站台上接受红外线的扫描，再去背包，查找站台，插票入站台……回来的一路上，他坚持要自己完成一系列的程序。当他把小小的票塞进检票口，门“咣当”一声开了，与此同时他的笑脸，真是得意。他从口袋里拿出小手，潇洒地取出票，走出火车站，得意地看了我一眼。

回想 3 岁的春节，抱着沉睡的他，拖着重重的步伐，在厦门街头徒步的场景，啊……这个小东西，真的长大了。他像我一样热爱旅行，热衷独立，尝试与感受不同的风景与人情……世界另一端的新奇，对他充满无穷的诱惑；所有小小的困难，他都乐于尝试，渴望挑战。这些在旅途中激发出来的事实，永远无法在生活的游戏里模拟和锻炼得出来。

这五年来，我带着相机和儿子，一起走在旅行的道路上，为他拍了许多照片，制成了一本本相册。我在第一本相册的最后一页上写了这样一段话：

我们陪你一起
走过的路途
看过的风景
都是我们给予你的
人生与爱
CC，我们永远爱你。

2 牵一只蜗牛去散步

台湾有一本书《牵一只蜗牛去散步》：上帝要我牵一只蜗牛去散步，我嫌弃它走得太慢，时常催促甚至踢踹这只蜗牛，希望能够使它加快速度。可是，“人家真的尽力了呀”。

龙应台也写过一本书《孩子你慢慢来》，她可以花一个下午的时光，等待孩子用稚嫩的小手打好一个漂亮的蝴蝶结。

01

慢，是孩子的天性。因为他们自由散漫，天真烂漫，这“漫”里含着随意、不受拘束的慢调子。

黄小畅就是个慢动作，看完《疯狂动物城》后，他的绰号直接变成“树懒”。他一年级时读数学卡片，深深虐到我。看着4–4，他会用3秒的时间回答“0”。可以直接秒杀的口算题，经过他的反射弧，竟然成了一道复杂的计算题。如此1分钟，他只能读37张卡片。孩子他爸为了提高他的计算速度，连夜编了个小程序，让他可以在玩中提高运算速度。我发现：他心算的速度没问题，可是从脑袋到嘴巴的这段距离，他走得比一般的孩子长得多。

经过大量练习后，他的速度停滞不前。甚至出现一拿起卡片就“嗯嗯”假装咳嗽的声音，双脚不时交换站姿，肩膀不停耸起……这些接连不断的小动作，是孩子内心紧张恐惧的体现。

办公室里的同事指责我：“你当个妈妈了不起吗？读得慢就读得慢，有什么关系？非要跟你一样就好了啊？”

另一个去杭州培训的老师回来对我说：“你别急了。我今天在那里培训，专家说：‘如果你的孩子慢，不要着急。也许长大了，他就是一个极有风度的谦谦君子’。他一说到这个，我就想到了你。”

其他的人也在附和。我这才发现这段时间的自己过分焦虑，深深影响着身边的人，何况这个黄小畅。他身上所有的小动作，或许皆是因我而起。好吧，我深呼吸，告诉自己：每天按老师的要求读3遍卡片，计算1~2次，以最高的次数记录成绩。不着急，慢慢来。

黄小畅也会不断问我：“妈妈，为什么幼儿园的时候，你那么温柔；到了小学，你就变成这个样子？”

一旦有了要求，我们就成了变形金刚。

一旦忘了初衷，我们就变得面目全非。

同事与我分享儿子一年级时的痛苦。她说，孩子的笔尖在本子上划过的每一条线，都像蚯蚓，弯曲丑陋。而妈妈的硬笔书法还在比赛中获过奖，黑板上的板书整齐漂亮，她班级里孩子的作业本上总有着与她相似的漂亮字迹。没想到，轮到儿子写出来的竟像一条条蚯蚓，一道道符。擦掉重写，不行再擦再写，直到把纸都擦破了。孩子终于忍不住哭了……她才心软，想起孩子小时候最喜欢的是看书，对乐高拼图却毫无兴趣。因此，手指的小肌肉群没有得到锻炼和发展。

她说，那个时候，他真的尽力了，只是做不到。

黄小畅跑步，总是比绝对大部分人慢。每次他都尽力了，可是他真的做不到，因为他的左脚天生肌张力不够。记得他刚从乡下上来读中班，连皮球都不会拍；当中班的同学都在拍网球时，他还在家里练习拍小皮球。他会每天放学回家就拍皮球，拍完皮球就试着拍网球。吃完饭后，又一个人默默地练着。不久，他就能拍成百上千下篮球了，连拍网球也成了班里的佼佼者，代表班级参加了中段的网球比赛，拿了二等奖。到了大班跳绳，又使他彻底成了困难户。我们一起练习到他会连续跳上10个，他高兴得跳起来，说了一句“我以为我这辈子都学不会跳绳了”。尽管这些努力并未换来超越别人的成功，可是没有被困难打败就是成功。一年级正式测试时，他跳出了有史以来的最好成绩77个。完全够了。在二年级的测试中，一分钟跳了160个。

我们在快节奏的世界里，争分夺秒，寸步不让，早已失去生活的从容不迫，悠然自得。这是一种病，却要迫不及待地传染给孩子们。我到欧洲旅行，羡慕比利时那些悠闲散步的人们，对于路人的询问，他会停下来，耐心地讲解。讲解不清时，还会领着问路人去目的地。在德国时一对年轻的夫妇带着3个孩子，先生就用手机上的地图指给我们看，一遍一遍地笔画，抱着孩子在一旁等待的太太毫无怨言……

孩子的教育，没有速成法。孩子，也不是速成品。孩子是第一次做孩子，难免会小心翼翼地体验，慢慢悠悠地成长；我们也是第一次做父母，为什么不能小心翼翼地体验，慢慢悠悠地成长？

02

宁宁的爸爸是教授，家里又添了妹妹。妈妈花在她身上的时间少了，反倒成了一件好事。爸爸在她身上花了时间就多了。

宁宁是个慢动作女生，作业和考卷永远是最后一个交。不是她写不好，而是写得太慢。三年级时，科学课上要研究蜗牛。于是，整个校园的蜗牛都被孩子们地毯式搜索完了。宁宁自然是轮不到了。爸爸只好在大学的农艺园里翻找一整天，终于在一片菜叶里发现了几只大蜗牛。

蜗牛观察完了。要不要留下来呢？宁宁摇摇头。爸爸就带着宁宁和蜗牛一起到农业园里，把这些蜗牛放在菜叶上。在菜地里的蜗牛，才是真正的蜗牛。他们伸出极细的触角，牢牢吸附在叶片上。爸爸拿出了放大镜，一起观察它的触角，它爬行的样子，并且记录下来。遇到爸爸也不明白的，就带着宁宁去找生物系的老师咨询……宁宁不但科学考试过关了，连语文观察日记也妥妥的。

爸爸说："以前我以为是我陪着孩子成长，现在发现是我和孩子一起成长。蹲下身子陪宁宁学习跟她讲解的那刻，我觉得好漫长，漫长到我见识了另一个世界。"

在那个世界里，他看到了蜗牛的触角，看到蜗牛的粪便，看到蜗牛的睡眠，看到他从未看到过的世界。之后的很长一段时间，他对蜗牛产生了不一样的情感。有一天，他在农业园里发现一只小小的蜗牛，他会产生一种错觉——那是它们的孩子吧。只那么一瞬间，就让自己发笑。回到家后，看到宁宁依然慢吞吞地写着每一个笔画，看起来就像刚才的小蜗牛。他就想："咱们就一起变慢吧。一起在变慢的过程里，看清世界的细节，放大世界的美丽，俯身与她一起发现这个世界的趣味。"

网络上曾爆红一个小摄影师"鹰眼"。"鹰眼"的父亲是国家地理杂志的资深摄影师，给了 4 岁的"鹰眼"一个照相机，让孩子任性拍摄。结果，"鹰眼"的作品令这个资深摄影师喜出望外。小小个的孩子，用他的视野与角度，为世人展现了不一样的世界。5 岁的"鹰眼"，就被国家地理杂志社签约摄影师。

孩子长得矮小，他要仰望世界的万物；孩子刚刚来到这个世界，他要摸索世界的万物。她的目光停留在一朵花上的时间，比你长；她的双手抚触一只狗狗的时间，比你长；她连发出叹息的时间，也会比你长……孩子们用自己的身体与心灵体验世界的不同。在他们单纯的情感里，有比我们纯洁真切的爱与遗憾。

外婆家曾养过一只德国黑背叫艾米。黄小畅小时候总是会把肉骨头送到艾米面前，逗逗它。就在去年这只养了 12 年的狗寿终正寝了。外公将它埋在了山里。渐渐的，我们已经习惯没有艾米的日子，并且再也不提及它的名字。有一天，大家在小区里散步。我们走在前面，黄小畅跟在后面。跟着跟着，我们的距离就拉开了。等我回头找他，发现他在后面一步一回头，慢慢悠悠，随心所欲，完全不理会前进的大部队。我有些生气，想要大声催促他，却顺着他的目光，看到了一只黑背黄腹的狗狗，长得和艾米极像。再看看黄小畅那微妙的神情，我突然意识到：

原来，孩子的遗忘也会比我们更漫长。

3 球场上洒泪的男子汉

教室里的他又开始莫名其妙地笑，从第一堂数学课笑到第二堂的语文课。我们都忍无可忍，终于批评了他。而他则继续以顽劣的态度与我们对战到底。

我们永远无法去批评一个不能正视自己错误的人，就像永远无法叫醒装睡的人。而不能正视自己错误的人，永远也无法改正错误。我跟孩子母亲沟通的时候，提到的核心问题就是“孩子经不起批评”，似乎所有的批评都是对他人生的攻击，而非事实本身。

他确实有骄傲的资本，每一年的期末考试都是班级第一第二，四门功课三门都会 100，还有一门不是 99，就是 99.5。体育呢，是年级的短跑冠军，校足球队的队长；文艺方面，则擅长校园剧的演出，他演个小骆驼，都能演得惟妙惟肖，且幽默搞笑；长得吧，还帅气……这种全能型的孩子，这么多年来并不多见。

习惯了掌声与荣誉的他，确实不太能接受老师的批评。只是，你可以不接受老师的批评，却无法拒绝生活给你的教训。

那是小学毕业季的一场足球赛，他是足球场上的一员猛将，作为前锋，他如猎豹般奔跑，穿越对方的防守，势如破竹，一举拿下开场第一球。但是，很快因为失误被对方追平。一来二去，比赛焦灼进行，比分一直处于交替状态，直到最后一分钟被对方踢进一球。他提出抗议，比赛的时间早就到了，裁判一直没有吹哨，所以不能计算入成绩。向体育老师提出申诉，老师说：“训练的时候，无数次告诉你们最后一分钟最容易进球。进了就是进了。”申诉被无情驳回，双方进入点球大战。这下他彻底地爆发了，口中念念有词，说着

“偏心”“不遵守比赛规则”“不公平”诸如此类的话语。但那也只是宣泄。

点球大战很快开始，对方抢先踢进一球。所有的队员都把希望都压在他身上。他依然带着怨愤的一脚用力极猛，球从门框边擦身而过，留在绿茵场上最遗憾的一道弧线。孩子们都哭了，这个失败的点球，意味着大家与冠军失之交臂，要知道这是六年级小学生涯的最后一次足球联赛，也有可能是学生生涯的最后一次比赛。不完美的结局，令大家都哭了。他整个人都懵圈了，直直地站立在那里，无论我怎么喊他回教室。他都不愿意。

那个时刻，任何一句鸡汤，都无法抚平他内心的痛苦与屈辱。尤其听着胜利者欢乐的笑声，更加刺耳。

我让孩子们先回教室，整理书包，可以回家了。家长们都在外面等着呢。最后，爸爸来了，背着他的书包，到球场上拍拍他的肩膀，带他回家了。

那天晚上，没敢跟他妈妈联系，怕过度关注，反而激发他平复的情绪。孩子现在最需要的，就是平静。

第二天，妈妈给我打了个电话，说昨天一回家就把自己关在房间里，不知道干什么。可能是哭，可能是写东西。咱们也都别问了，由着他吧。那几天，都没有见过他的笑容。

我以为事情就这样过去了，慢慢的，总会过去。

一天下午，他突然到办公室里来找我，说：“老师，我回想了整场比赛，其实有很多失误点。如果前面能踢出应有的水平，就不会有点球大战。没有点球大战，他们就没有机会赢。我……想了一个晚上，画了很多图，您看……”

他从衣服里抽出一卷纸，说：“我已经跟女足队长说好了，我要给她们做教练。让女足拿下冠军，也算挽回班级的面子。”

我没说话。

他急了，说：“老师，你再相信我一次。虽然我上课不遵守纪律，可是球场上我从来不敢马虎。这次，更加……我一定要……”

我说：“我一直相信你在球场上的能力。不过……一场球赛要胜利，靠的不只有能力，还有什么，你知道吗？”

他不说话，只点了一下头。

之后的体育课、午休时间，经常看见他和几个男足队员带着女孩子在操场上走位，传球，射门……他总是最着急的那个，一会儿大吼，一会儿又奔来跑去，一会儿又亲自示范……每到赛前，他总是要跟女队员们讲战术，围着赛场跑来跑去，指挥、加油、打气……

就算如此卖力，也改变不了我们女足实力低下的事实，最后依然没能拿下冠军一洗他的耻辱。只是，这一次失利的伤害，似乎没有那一次来得大。他只是默默地背上书包，一个人回家了。

其实，这是爸爸给他出的主意，希望通过努力获得另一种成功，既为班级争得荣誉也一洗前辱。可惜，结果未尽人意。

晚上，爸爸问他女足的战绩，他只答："不怎么样，季军。"

爸爸说："很不错了。去年不是垫底吗？"

他说："别安慰我了。不吃这套。"

爸爸说："想哭就哭出来吧。"

他摇摇头，说："这一次，没那么难过。毕竟大家都尽力了。"

爸爸跟我说，当他说出这句话的时候，他就放心了。失败并不可怕，可怕的是失败后沉迷在痛苦中的不可自拔。他第一次失败，是未尽全力；第二次失败，是竭尽全力的无力回天。这种体验，让他明白全力以赴对于成功的重要性，也学着尽力后失败的释然。这便是失败的意义。

从那以后，他再也不会在课堂上莫名其妙地大笑，哗众取宠地乱说一气，引起哄堂大笑。似乎少了一些浮躁嚣张，多了一些踏实谨慎。

毕业考结束了，他依然是三门满分一门 99 的好成绩，名列前茅。3 年来，看起来各方面都优秀的他，从未拿到过"三好学生"的荣誉称号。而在最后一个学期，他也终于得到了"三好学生"的荣誉称号。每一学期的三好生都要留下来负责清扫工作，那也是他们留在校园的最后一刻了。一切清扫完毕，他背起书包，捧着奖状，笑地走来，露出洁白的小牙齿。

我说："怎么？是不是不敢相信自己会得到'三好学生'？"

他点了点头。

我说："以前大家没有选你，是因为你身上还有一个很严重的毛病。现在选了你，是因为你已经彻底改掉了。现在你拿着它，是当之无愧的。"

他高兴地点点头，说："我知道的。谢谢老师。"

辗转就是3年，今年上半年，这一届中考结束了。他和蔡蔡一起来看我。长得一米八的他，临走时说了一句：“周老师，来，抱一下吧。”

来，抱一下吧。一米八的大男生抱着一米五五的老师。那一瞬间，热泪盈眶，孩子们真的长大了。其实，说“抱一下”的人，应该是老师。

他的中考没有发挥最好的水平，无法进入理想的学校。但是我跟他说“一个男生，未来的路很长很长，只要坚持不懈地努力，就会有许多的机遇可以改变整个人生”。我依然相信在考场上失利后的他，带着天生的倔强，和那么多年积攒的平和与温暖，可以让自己走得更久更远，无愧于青春，无愧于人生。

4 爸爸带大的孩子

都说，爸爸带大的孩子，更聪明。这是男女有别所致。

01

妈妈喜欢泪水；爸爸则更爱汗水。

电视和运动，似乎也是带有性别的。所以，现在的明星越来越偏女性化，为的大概就是取悦女性观众，毕竟女性的电视战斗力超群。其实，我难以想象一个人捧着IPAD看每一部韩剧都是一把鼻涕一把泪的模样。昨天老公还是都敏俊，今天就换成了宋仲基。但这就是大多数女性。

爸爸则更喜欢运动和劳动，喜欢在滚烫的汗水里体验生活，在生活实践中学习和成长。

天天的爸爸热爱运动，他会组织各家各户的孩子们周末一起参加拓展活动，还会在春天一起挖笋，夏天一起出海，秋天一起烧烤，冬天一起打雪仗。

每每看到朋友圈里晒出来的照片，就能看到天天爸活跃的身影。他一个人组织着一群孩子，玩老鹰捉小鸡，充当一只强壮的老母鸡。他还会把两个差不多大的孩子，放在两个畚箕里，自己一肩扛起，晃晃悠悠地走。孩子们在畚箕里乐呵呵，他也乐呵呵。

天天学架子鼓，打得架势十足。天天爸呢，会吉他。儿子的音乐启蒙基本就靠老爸，正式上课学习乐器。人家基本都是妈妈陪着学，天天是爸爸陪着。有时候，他会比孩子还渴望去潇洒地挥上几棒，敲上一通，激情洋溢一番。

天天的奥数，也是天天爸自己教的。平常习题讲解；每到赛前，父子俩总会重点突击一番。去年，天天拿下了市里小学组一等奖第 3 名的成绩，一时成为天天爸骄傲的荣耀。但最骄傲的，天天的身上有许多爸爸的身影，热情、机灵、自信、大胆，永远充满活力。

磊磊爸爸开了一家安装监控设备的公司，暑假一到，磊磊都会去爸爸的公司打工。陪爸爸一起去给客户安装设备，有时候还能给爸爸打个下手。高温作业，爸爸和磊磊都是汗流浃背，也得老老实实一起干活。他一会儿帮爸爸递工具，一会儿跑腿送资料。不用出活儿的日子，就在公司里研究监控设备，拆了装，装了拆。大家都开玩笑“他这是提早熟悉公司业务，为接班家族企业做准备”。此外，还会扫扫地、抹抹桌子、打打杂。但是，这都不是白干，而是按工作时间和难度支付不同级别的薪水。

对于磊磊来说，赚钱是件幸福的事，再苦再累他也愿意。如此，既培养孩子务实的劳动精神，也树立孩子正确的金钱观。

02

妈妈喜欢满足孩子的口腹之欲；爸爸则更享受陪孩子玩智力游戏的快感。

悦悦爸爸工作很忙，但只要是女儿的需求，一定满足。女儿刚上一年级，学校邀请家长到校上课。为了女儿，悦悦爸爸拼了。

女儿生日那天，趁着女儿和妻子午睡的时光，一个人准备着神秘大礼。等女儿和妻子打开房门，惊呆了：整个客厅都是多米诺骨牌，悦悦一下子兴奋起来。轻轻推了一块，哗啦啦，整个客厅的骨牌都一一倒下，形成生日蛋糕的模样。女儿开心极了，同时也对多米诺骨牌充满了兴趣。爸爸就陪着她一起尝试摆放各种图形，用不同的力量达到想要的效果。女儿玩得不亦乐乎。

这种快乐远胜于妈妈买的高档礼品所带来的满足感。

黄小畅随着年龄的增长，也更爱和爸爸一起玩。爸爸会在纸上画九宫格，陪他一起动动脑筋；还会陪他一起踢足球，玩累了还会画个跳房子；春天，还能一起骑车去放风筝。我这个宅在家中几天几夜可以不出门的人，对黄小畅来说，真是无趣至极。

03

妈妈注重细节的完美，爸爸则更有纵观全局的大气。

YOYO是个调皮的孩子，从小到大，都和班级里一个女孩作对。只要女孩子骂了人，他就会在人群里大喊："快看啊，大队长骂人了！快看啊，大队长打人了！"不论场合地点与时间，妈妈为了这件事，不少花时间、精力还有体力，可是无济于事。

爸爸说："为什么就针对那个女生？"

YOYO说："她总是向我妈告状，我就是讨厌她。"

妈妈平常会毫不留情地批评："那还不是因为你犯错了，为什么要怪别人指出你的错误。让你受到批评的人是你自己，而不是那个说出真相的人。"但是这次，爸爸跟妈妈说："不如下次，再有人告状，就马马虎虎过去了吧。总不能每次因为一点小事就骂他，揍他，只会让他对女孩更讨厌。如果真的情况严重，老师会跟我们联系的。"妈妈觉得也有道理，毕竟还是孩子，尤其是男生总是会比同龄的女生要稚嫩得多。那么，就暂且揣着明白当糊涂吧。

果不其然，一段时间以后，YOYO似乎也懂事起来，惹是生非的频率也低了很多，还会自己处理与同学之间的关系。女孩子鸡毛蒜皮的告状事也越来越少。

04

妈妈的爱像紧箍咒，爸爸的爱像放风筝。

小何的妈妈算是老来得子，对儿子的呵护都是警戒级别，包括每天上学送到校门口，看着儿子消失在校园的拐角，每日放学早早地翘首以盼等待儿子的身影在那个拐角的出现。

事实上，他们家与学校的距离，不过一条马路之隔。

五年级了，小何同学说："妈妈，我要自己上下学。"

妈妈说："路上车子多。我接送你方便的啊。"

儿子说："唉……可是我长大了，连隔壁小区的女同学都自己回家。"

连爸爸也看不下去了，对妈妈说："你再这样护送下去，他要么长不大，要么变成女孩子了。"

妈妈这才松口，那……你试试吧。之后的很长一段，小何都是独自上学放学，变得更精神，更朝气，更像个男子汉。

那个独自回家的女同学是嘉怡，妈妈在别的城市上班，爸爸一个人陪她。她每天自己回家，完成作业，复习巩固，把课余时间管理得井井有条，成绩在班中也是名列前茅。爸爸在家长会上与大家分享经验，说："我只是没有更多的时间陪她，但是会每天看她前一天回家作业的批阅情况，看今天作业完成的态度。偶尔会和老师交流孩子的状态，和孩子交流想法。她就像风筝，给她飞翔的翅膀，给她飞翔的天空，给她飞翔的自由。我们要做的就是把绳子握在手里。因为她还小。"

05

妈妈总是护犊情深，会不自觉地推诿逃避，爸爸则更理性、更有担当。

杨爸在孩子身上花的时间太少了，但不代表没有将精力放在孩子身上。我常常在家校联系本上看到他大段的文字，对作文的指导，对阅读的提示。后来，发生了孩子离家出走的事，父亲来学校了。我们了解孩子很小的时候就失去母亲的事实，如今爸爸再婚又有了一个弟弟。父亲说："我总觉得小儿子已经有很多人爱了，所以我要把更多的爱给大儿子。可能越是爱，越是希望他能争气，就忍不住会拳打脚踢。"

孩子还太小。他并不懂得那些深刻的爱。经过调解，咱们约法三章：一、绝对不要再打他。二、花尽可能多的时间陪他。三、孩子则不能离家出走。父子约定：一个不打，一个不再离家出走。二人谨遵在校长办公室里立下的男人之间的约定，至今都没有违背。

我依然会在本子上看到爸爸的留言，在作文本上看到爸爸的修改建议……这所有遥远的陪伴，最后都来自于他夜班结束后留在学习本上的点点痕迹。

他说："孩子已经没有妈妈了。我想给他多一点的爱，弥补这样的遗憾。"

昊昊是个调皮的孩子，有一次体育课上他的羽毛球拍把同学的牙齿打裂了一条细缝。妈妈来学校处理事情的第一句话是"谁叫你们家的儿子站在我们身后。连体育老师都说了，你们家的儿子不太活络"；第二次是在下课期间，别人把昊昊的牙齿给打了，但是——昊昊自己先动手，人家是反击。妈妈来学校，说着说着就变成了"哎呀，老师，我们家昊昊是在见义勇为啊。他看见别人被打，他是在帮忙"。这也算是一个极端例子，恰恰就发生在同一个孩子和妈妈身上。我准备把这事移交到校长办公室。爸爸来了，说："事情还没有到这个地步，我们一起坐下来商量。如果有问题，该是我们承担的，还得我们承担。"

刘同学发生离家出走爬窗户偷东西的事件后，我们在校长办公室里，在法制副校长的法律援助下，共同探讨该如何帮助他。妈妈不停地诉说自己如何管不了他。爸爸终于忍不住了，说："别说了。小孩子犯下这样的错误，我们肯定要在自己身上找原因。"

有了担当，一切就迎刃而解。

出了问题，不可怕；可怕的是，出了问题，不敢面对，不去解决。哪有一个孩子的成长，不会遇到一桩两桩麻烦事？如果要让这些麻烦事，变成有意义的教训，那就需要我们带着孩子一起去面对、分析、解决。

到了五年级，杨同学成了学习委员；昊昊也没有与人纷争了；连刘同学课堂的表现也令人称赞，而他的作文更是叫人刮目相看。这些改变的关键，无不是因为有了担当的父亲，而不是来自一个推诿的母亲。

优秀的母亲，也能培育出优秀的孩子。只是，有了父亲的助力，就为孩子的飞翔增添了助力器。当下，许多丧偶式的婚姻带给家庭的伤害远远不止妻子一人，更多的还是孩子。孩子的成长，不仅来自于书本的知识，情感的渲染，更需要实践的经验，生活的体验。最好的学习，是实践；最深的体验，是经历。最好的经历，是最好的教育。

给了孩子生命，也要给孩子生命力，以一个父亲的名义和权力。

5 善

傍晚，在路上走。对面走来一对夫妻，带着一个小孩。妻子说："这种人连常识都没有，根本不值得同情。"音随风散，却在我心里打了个转。其实，可能别人并不需要同情。"同情"这么好的东西，还是留着自己用吧。

我们自小被教育，做人要善良，要富有同情心。如今在网络里，也是被"键盘侠"教训该如何懂得礼仪廉耻，如何惩恶扬善。只是"侠客们"指摘他人对清洁工人的不尊重不爱护，走出家门就在大马路上随地吐痰，乱扔纸屑；指摘富豪捐款数目太少为富不仁，自己面对有困难的人一毛不拔；指摘路人对车祸的受害者冷漠无情，自己路过车祸现场也是逃之夭夭……

于是，"善良"最后的定义大多停留在"富有同情心"的层面。"同情"是无需成本的"善良"。那个妻子那个母亲应该觉得自己是个善良正义之徒，所以才会站在道德的高点，对一个无知的人，连施予"同情"这点可怜的情感都不愿意。这种廉价的道德优越感，不知从何而来？

01

世界处于诱惑的漩涡，人性中贪婪、懒惰、自私等劣性使然。道德培育，路长且远。因此，对孩子们的要求并不是超高的标准，而是守住道德的底线。

陆同学是个小个子男生，但是好斗，且专挑比他还小的小个子来欺负，有时候还会追着大个子打。有两个大个子男生被他打哭，我一看一个是会跆拳道的卓，还有一个是劳动委员。他们都告诉我的是，陆同学一直追着他打。

我问卓："为什么不反击？你会跆拳道啊。"

卓说："跆拳道不是用来打人的。"

我说："可是，是用来防身的。当有人恶意攻击你的时候，就要打回去。"

当着陆同学的面，我放下"狠话"。他眨巴着眼睛，看着我。我极其认真地告诉他，以后如果再打卓同学，他会打回来，而且我不会批评他。陆同学点了点头。从此以后，再也不敢去碰卓。我深知他有着严重的“欺软怕硬”的恶性。他不会挑班级里的“小爆竹”来挑起事端，因为最后吃亏的是他自己。

人作为一种动物，面对比自己强大的动物，会产生胆怯的心理。所以，“怕硬”是人性使然。可“欺软”则是个道德问题，尤其对老弱病残等弱势群体。

黄小畅幼儿园的班里有个特殊的女孩，认知能力较弱。他不只一次地回来把她的事件当笑话告诉我。起初我不想强化“嘲笑”这种行为方式，后来他说的次数有些多了，就必然要进行干预。

我对黄小畅说：“你看她跳绳确实没有大家跳得多。可是，她也想和大家一样。只是她努力了也做不到，就像你的左脚锻炼了那么久也没法做到单脚连跳一样。你也尽力了，可是就是做不到。那个女孩有没有因此嘲笑你？”黄小畅摇了摇头。

孩子，你可以怕硬，但不能欺软。这是人区别于低等动物的底线。守住了这条底线，就守住了善。

02

善良并非一时的情绪，而是持久的行动。

这些年，我带过的班级里的孩子大多正气。女孩子不用说，男孩子也是。我发现：每个班级里几乎都有一个大块头男生，如果这个男生正了，整个男生的队伍就正气了。

那是我上班第一年，两个男生打篮球时，高个子把胖子给绊倒了，导致胖小伙子骨折。我们在处理这件事时，建议高个子男生的家长拿出一半的医药费用。高个子全家不同意，胖小伙的爸爸说：“算了，钱就不要他们出了，都我们自己来吧。”我没能同意。

作为父母，两位家长分别给自己的孩子上了一课，一个是宽容，一个是无赖。作为老师，我也要给孩子们上一堂课，做人要有责任感。自己犯错造成的后果，理当承担必要的责任。这事后来一直到校长室处理掉了。

一个宽容大度的父亲，即便是经济并不宽裕的单身父亲，教育出来的儿子也可以是顶天立地的。这个男生渐渐就成了班里的“大哥”，因为他实在孔武有力，没人能够打倒他。自然，后面的“小弟”也是听他的话，曾经有着“四大金刚”的班级风气都正了。

集体之中，最有力量的人是宽厚仁爱正义的，那么这个集体就会变得和谐温暖。班级如此，家庭如此，整个社会也是如此。

现在所教的班级中，也有一位高大胖的男生，性格温和稳重淳朴。秋游时，他妈妈看见有个男生没人接，就主动提出送他回家。有次“小爆竹”撞到高高大大的他，自己摔跤了。“小爆竹”一生气就把他的铅笔盒给撕了。因为膝盖肿了，高大个子的妈妈还拎着一箱牛奶去看望“小爆竹”。妈妈教育了儿子要更加宽容大度，即使不是自己的错，去看看受伤的同学也是一种关心。这才像个男人。高大个如今在班级里就是“一哥”的地位，班级里有什么体育活动，都要找他商量安排。他不仅魁梧有力，更重要的是内心正直、仁义、宽容，拥有“领头羊”的品质。

03

善良并不仅是惊天动地的举动，也可藏在平凡普通的细节之中。

五六年级的孩子大多长得高大，我们这些公立学校每个班级人数众多。所以，座位总是挨挨挤挤的，留不出多少空隙。有个男生回答问题，站起来有点儿困难，后面的女生伸手把桌子往后挪了一挪，给前面的人腾出了站立的空间。有同学站在讲台上演说，突然卡壳讲不下去了，同学们自发地鼓掌表示鼓励。秋游了，有的同学还没有找到团队，孤零零一个人。这时，有人站出来，说：“来，到我们组里来。”暑假里，6 个孩子参加了公益活动的视频拍摄，可是只能报 3 个名字。我说明挑选这 3 人的理由，问其他 3 位的意见，他们都说没意见。

这就是善，平凡的小事，给人感动。

有的同学成绩一般，但是呼朋引伴。她的妈妈会在班级足球操展示活动时，主动统计孩子们的衣服尺码，到网上统一购买。正式演出了，妈妈去看排练的同学们，还带去了水和面包。这不是讨好，不是哄骗，这是善。我能从他们注视孩子的眼神里看到爱。

善良，如果只是停留在内心的一种悲天悯人，并没有实际意义。真善，应该用行动去实践。

暑假里，孩子们组队去捡垃圾，宣传垃圾分类，有的参加义卖，所得金额全部捐出；有的去孤儿院老人院演出，慰问老人；有的就在社区活动室里，帮助小弟弟小妹妹们读绘本故事……

点点滴滴，实实在在，都是善。

04

人生中的生与死，相遇与离别，快乐与痛苦，从来都是成双成对地出现，成长中的孩子也必须经历“成对”的教育，必须让他经历心理上的一种痛苦、克制、忍耐。因此，善，不仅仅是对一个人无底线的好。

卓是善良的孩子，但如果一味的忍让，变成被欺凌，是对自己的伤害，也对陆同学的纵容。幸好，卓有一身本领，终究是能给镇住虚张声势的人。可是，那些没有练过功夫的孩子呢？

小灏是个斯文的男孩，脸上总是挂着笑容。班级里的女生蓓蓓总是欺负他，以前把他的脸抓破过，后来又抓了他的头发。他并不反抗，还是别的同学告诉我。小灏跟妈妈说一个男生让让女生总是没错的。这是男生的气度。可是，妈妈不乐意了，到学校里教育了蓓蓓，要求蓓蓓保证不会再犯。当一个五年级的男生对自己的保护需要妈妈出场，多少都会显得尴尬。然而，未来进入中学、大学、社会，会出现怎样的局面？我对他说：“一定要学会反抗，学会勇敢地说不。你可以不打人，但要学会自我的保护。坏人总有一种恶习，专挑不会反抗的人欺负。”

当我这样跟小灏的妈妈说时，妈妈说：“打得头破血流也不好吧。”这该是很多父母的困惑。

为什么我们要用暴力去对付暴力？适度的暴力，尽早及时地暴力反击，是为了制止今后更大的欺凌。

有一个警察在追捕中枪击了一名劫犯。此后，他心结难解，对于采用暴力的形式在做一件反暴力的事，就不是坏事吗？老警察开导他：有没有进过寺庙？寺庙里有慈眉善目的菩萨，也有毛骨悚然的护法。世间需要慈悲为怀，也需要凶神去惩杀恶魔。这便是真实的世界。如今，校园欺凌现象严重，特别孤僻、软弱的孩子，极其容易沦为被凌辱的对象。不是所有的母亲都可以在第一现场保护自己的孩子，为了避免这种可能，我们从小的时候就要教会孩子说“不”。遇到无休止的暴力相待时，要学会反击。反击暴力的暴力，不同于伤害他人的暴力。这是一种自我的保护。

扬善是慈；惩恶是仁。仁与慈，都是善。

6 假如生活欺骗了你

儿童的世界，是童话的天堂。在那里，花草鱼虫，与人平等。坏人终会受到惩罚，好人最终收获幸福。童话世界的生存规则，单纯美好。越是对真善美虔诚的孩子，随着年龄的增长看清世界的真面目，遭受的打击越是沉重。原来这个世界并非童话，坏人可以逍遥，好人却不得回报；老师并没有那么伟大，父母也没有那么恩爱……大到生存法则，小到亲人友情，现实的残酷，如当头喝棒，可以叫人清醒，也可以叫人绝望。

最近一段时间，真真看起来不太开心，上课魂不守舍，成绩一落千丈。

我问：怎么了？

她答：爸爸妈妈说要离婚了。

我说：可能是吵架时说的气话，不要当真。

她摇了摇头，说：他们约好了要去办证中心办离婚证了。

以前的爸爸妈妈看起来多恩爱，他们会在周末陪她一起去公园野餐露营，假期一起去另一个城市旅行。生日的时候，全家一起吹蜡烛吃蛋糕晒朋友圈，很多同学都羡慕她有一个温暖的家庭。可是，在父母争吵的话语里，她知道那都是装给她看的。爸爸早就厌倦了妈妈的唠叨，妈妈也早就不想打理爸爸的日常。他们之所以没有去离婚，是因为真真。而这次，爸爸好像认识了一个阿姨……

在这段时间里，她每天晚上都睡不着觉，要用手机上网到半夜，是在困乏极致的情况下，才会入睡。下午的音乐、美术课上常常打着哈欠，实在撑不住了，索性睡着了……起初，她并不承认，直到有同学指出真真会在半夜发个链接在同学群里。她才不得不承认。

孩子，当有一天你发现这个世界充满了谎言与假面，也终于学会了谎言和假面，可能你就长大了。我来说一个叫涵涵的男生的故事吧——

涵涵个性单纯，情感细腻。在五六年级看课外书，会为小说中的人物而哀叹流泪。他对世界充满了热爱与幻想。有一次，妈妈带他上街，在地下通道的路口坐着一个双腿残疾的老头，捧着破破烂烂的搪瓷罐，伸手问他要钱。涵涵家庭富裕，出手大方，顺手就从口袋里掏出了一张50块给他。妈妈想要阻拦他，但是，他的速度太快。妈妈想那就算了吧。之后很久的某天，在公交站牌等车，他看到了这个熟悉的搪瓷罐以及熟悉的身影，只不过这次老头是边走边乞讨。

回到家，涵涵很伤心，告诉妈妈所看到的事实。13岁的他，还不懂得去消化这件事。“做人不是要诚实吗？世间不是充满了真善美吗？看见困难中的人，不是需要帮助吗？妈妈，这个世界到底怎么了？”

妈妈说：“这个世界本来就是这样，只是你以前还小，没有发现。”

涵涵有些万念俱灰。终于明白路边有老人摔倒，妈妈为什么不让他去扶一把，而是问老人需不需要打120，一边还要叫自己给她拍着视频。

早在十年前，妈妈还是骑摩托车出行时，就被早期的碰瓷一族给坑过。那是个老太太，骑一辆小电驴，后面的塑料箱子破破烂烂，贴满了横七竖八的橡皮膏。就在市中心最繁闹的十字路口，妈妈刹车减速拐弯，不知怎么的，这辆小电驴突然就在摩托车边倒下了，妈妈一直以为是自己擦到别人的车。老太太坐在地上要妈妈赔钱。妈妈报警了，愿意承担责任；老太太不愿意去医院；警察也是支支吾吾；边上的老头倒是搭腔了一句：“哎呀，给个50块钱么好了，你今天也算不错了。”老太太竟就同意了。妈妈就从口袋里掏出了50元钱。事情过去很多年了，每每回忆都觉得那是早期的碰瓷。而那老太太该是这条道上的常客了。

“人心叵测。儿子，今天你只是被一个乞丐骗了，就万念俱灰了吗？将来有可能会被朋友欺骗，被亲人出卖，被你尊敬的人伤害……咱们就不活了？咱们就也像他们一样去行骗吗？这世上要有多少坏事，都是来自于身边的人。恶魔从来都以天使的面孔出现，却以恶魔的手段收场。难道因为这样，我们也去做一个恶魔吗？”

涵涵摇摇头。

“儿子，无论将来你发现了这世上有多少你不愿见到的丑陋不堪，都要记得去热爱生活。”

妈妈为此特地去买了普希金的《假如生活欺骗了你》送给涵涵。这首诗是普希金在 1825 年被流放至南俄敖德萨同当地总督发生冲突后，被押送到其父亲的领地米哈伊洛夫斯科耶村幽禁期间所作。从 1824 年 8 月至 1826 年 9 月，是一段极为孤独寂寞的生活。那时俄国革命如火如荼，普希金却被迫与世隔绝。在这样的处境下，他没有丧失希望与斗志，依然热爱生活，执著地追求理想，相信光明必来，正义必胜。

成长的痛苦，一如破茧成蝶，需要经历挣脱的勇气，蜕变的痛苦。我们无法将这些痛苦都隔绝在孩子的世界之外，将他们置身于真空地带。这样长大的孩子，必然会被生活重重一拳，无法翻身。经历的过程，是接受的过程，也是释放的过程。所以，真真，无论生活给了我们重拳还是光环，都让我们勇敢地面对。

我也没法直白地询问真真家长关于他们的婚姻状况。只能把孩子的近况反馈给他们。妈妈是个直接的人，告诉我可能因为他们吵架要离婚，影响了孩子。

“是真的没法在一起了吗？”

“如果可以不离婚，谁想伤害孩子呢？”

“如果真的这样，也需要跟孩子好好聊一聊。毕竟孩子长大了。”

爸爸妈妈到底离婚了，真真特别消沉。我有心无力，改变不了这一事实。只等她慢慢接受，慢慢长大，这个阶段里我和妈妈一起更多地关注她。

有一次，考场作文，她写了一篇《妈妈，我想对你说》。文中写道：

妈妈，你跟我说曾经这个世界没有那么流行离婚时，很多在婚姻里痛苦挣扎的人，为了获得这一自由，不惜流血牺牲。离婚作为一项权利，也是被人们用鲜血和生命耗尽百年的时间才争取到的。所以，它绝不会是一件单纯的坏事。

你说你和爸爸在一起两个人都不开心，也许分开都开心了。虽然我会受伤害，但是你们可以保证的是：依然会在周末带我一起去玩，一起野营，在寒暑假的时候去度假。同时，我也想告诉你，我还跟爸爸约定了，只要家里的灯泡坏了，马桶堵了，水管漏了，我都会打电话给他，他必须随叫随到。爸爸答应的那一刻，我觉得他还是那么爱我。

也许，我该学着长大，接受生活对我的考验。

那是考场作文，要拿回家给家长签字。妈妈的留言是：孩子，即使生活欺骗了你，你依然要勇敢地热爱他。因为那是人生对你的考验。

泰戈尔说："我们把世界看错，反说世界欺骗了我们。"但是，我们不能欺骗自己，更不能欺骗别人。我们勇敢地做一个生活的傻瓜，把自己活成生活本该有的另一个样子。

7 一个人去聚会

01

嫣的妈妈给我发了一个微信，她说："这个周末，嫣要去参加班级里的一个生日聚会。不知道该不该去？"

我问："就她一个人吗？"

妈妈说："是啊。就邀请了她一个人。"

我问："男生的邀请？"

妈妈说："是蓓蓓。"

哦。我明白了。蓓蓓并不是大家眼中的乖女孩，上课不专心听讲，下课还要欺负女生，有时候连软弱的男生都成了她要弄的对象。嫣呢，人如其名，乖巧懂事，从来写端正的字，坐端正的姿势，连吃饭都是小心翼翼的样子。她们在四年级时，就成了好朋友。

我答："去啊。为什么不去？"

妈妈给了我一串省略号。之后发来一串话，诸如去倒是可以，也不会发生什么大事。只是，这一来一往，两个人成了最好的朋友。老师，您知道蓓蓓是个怎样的女生，我怕女儿受她的影响……

我理解父母的担心。一直以来，似乎都是物以类聚，人以群分。成绩好的跟成绩好的一起玩，体育好的跟体育好的一起玩，游戏玩得好的跟游戏玩得好的一起玩……一个小集体，很容易就因这些而分成无数个小团队，即便是春游秋游，也能清晰地理出他们的团队“核心”是什么。

02

我接手大杂烩班级时，打破了这种现象，如同打破一个诅咒。

那是四年级期末考试结束，我叫了几个孩子到学校帮忙，填填表格，报报成绩，可以提高我的工作效率。上午的工作结束后，孩子们各回各家了。下午 1 点 30 分，再到学校。没想到下午 1 点 30 分来的时候，蒋同学丢给我一盒寿司。

她说：“知道你喜欢吃。给你的。”

“哎哟，这么贴心？”

她咧嘴一笑。她在一二三年级时并不出挑。成绩一般，大大咧咧的性格，很难取得稳定的高分，所以忽上忽下。倒是能力很强，管理班级事务的水平较高，最主要的是她乐于奉献。于是，她也因能力突出，进入了班级第一集团，成了佼佼者。

我问：“你们中午一起在外面吃的吗？”

“是啊。”

“有谁呢？”

她掏出手机给我看，有男生，有女生，有成绩好的，也有成绩差的，就在 KFC 里。大家开始七嘴八舌：“那些男生太会吃了。把我们带的钱都吃完了，还不够。”

“后来，怎么办？”

“后来，跃哥叫他的妈妈来付的钱。”

“跃哥她妈乐意吗？”

他们笑，说："当然乐意了。她妈妈很开心。"

我点点头，也很开心。这些孩子的内心多么单纯，少了很多成人的担心与势利，没有任何芥蒂，只考虑玩在一起开不开心，有不有趣。

之后每个期末考试后的第二天，几乎都成了他们聚会的日子。一来是大家要到学校帮忙，二来也可以彻底放松。有时候，是这个妈妈去付钱；有时候是那个妈妈去埋单。孩子们都很乖，每个人都会带着自己的餐费，不会铺张浪费，也不会过分索取。只有当大家吃得超额了，才会麻烦爸爸妈妈去救急。因此，这个"聚会"，他们保留了多年。

有一年涛哥也去了。涛哥，是当时班里成绩最差的孩子，每年期末的成绩在 60 分左右徘徊。他的同桌是个安静乖巧的女生，长得清秀可人，是个白富美。

那年，我们班的成绩出来了，涛哥是全年级唯一的不及格。看到这个成绩，还看到他出现在人群之中。我忍不住就批评了他："你看你，如果不是你，咱们班平均分也要上一个档次了。"涛哥哭着走了。原本开心的人群突然安静下来，他的同桌小声地说："老师，其实，他真的尽力了。"

我突然就为自己刚才的面目可憎而惭愧。当孩子们还在寻找他的优点，肯定他的努力，我却用一个冰冷的分数否定了他所有的付出。等教导处的试卷下来后，我第一个翻看的就是涛哥的试卷，果真前面的基础部分基本全对了，失分最大的地方在阅读和作文。正如他的同桌所说，他尽力了。

那天晚上，我自我反省：作为一个班主任，我用什么在给孩子打分，仅仅是他的成绩？仅仅是他们获得的荣誉？仅仅如此吗？那我还配做他们的老师吗？

一个长得可爱，家庭富裕，多才多艺，成绩优秀的小女生，面对一个来自贫困家庭长得干瘪又淳朴的涛哥，没有嫌弃过他家贫，没有嫌弃他脏兮兮的样子，也没嫌弃他总是不及格的分数。她每天和他在一起，看到的是他比常人更多的付出，而不仅是最后的结果。

孩子们给我上了生动的一课。

班级里还有两个同事的孩子，其中一个男孩经常跟足球队的跃跃一起玩。有时候我会问同事："你让儿子跟跃跃一起玩吗？"

“一起啊。跃跃很有趣的，虽然成绩不好，但为人大方，还会替比人着想。当然一起玩啊。”

教师子女在学校里，随着年龄的增长极其容易被人排挤，变成孩子们眼中的“特权”人物。老师对他们的表扬是偏心，老师对他们的批评也是偏心。几十双眼睛都盯着他们，不可以出一点差池。难得的是他们可以毫无隔膜地坐在一起，欢天喜地地庆祝假期的结束。这种单纯的同学关系，多么难得。

此外，成熟稳重的中队长蔡蔡却和班级里最幼稚最会无理取闹的“我也喜欢你”——沐沐在一起。每当沐沐开始胡闹时，蔡蔡就出来安抚她，比我还管用。因为她们走进了彼此的心灵。家访时，蔡蔡的妈妈一直支持孩子多交朋友，多去帮助那些还不懂事的同学，像个小姐姐一样。所以，当班级里编排校园剧时，负责此事的蔡蔡就把沐沐拉进了“剧组”，出任了重要角色，开发了她的这一特长，并在我们这个以“校园剧”为品牌的学校得到了充分的发挥。沐沐因此变得不一样。尽管分开了，中考结束后，作为中考状元的蔡蔡还一直关心着沐沐的中考成绩。

我曾走入一个误区，但最终在这些单纯善良的孩子们身上看到了真正的美好，提醒着我善待每一个孩子。

03

嫣的妈妈担心的蓓蓓，是三年级转进来的孩子，上课不听讲常被提醒，下课还要去欺负男生女生。可是，在某个早晨，我依然看到了三个优秀的女孩和她一起在走廊上嬉戏玩耍，好不开心。他们偶尔也会闹矛盾，会到我这里来告状。但是，当三个文弱女孩被调皮的男孩欺负时，蓓蓓就会径直走到我的办公室，告诉我：“老师，嫣被人欺负了。”她像一个正义之士，又像一个守护使者。有时候，她还会挺身而出，出手反抗。

我跟蓓蓓的爸爸说：“真高兴，她能结识到优秀的女孩子当玩伴。说明她在变化，变得优秀起来。”尽管爸爸还是会强调成绩，但是成绩真的不是第一位的。

最近学校进行女足比赛，第一场输了。第二天一早，蓓蓓就拿了一卷东西来了，原来她为班级特地制订了一道横幅，为女生加油助威。这还真是我第一次遇到这么想得出做得到的“大手笔”的女生。

一个人，不管有多少缺点，一定会有她的优点与魅力。这些优点，会深深吸引缺乏的人们，使他们建立起牢不可破的友谊。

“能够两个人共同进步，共同变好的友谊，才是真正的友谊。”我把这句话发给了嫣的妈妈。

我问她：“孩子成绩有退步吗？有没有出现什么不良的习惯或者不好的想法。”

妈妈都说“没有”。

“那多好啊。你的孩子没有变得糟糕，她却使另一个孩子变得更积极向上，更温和友善。那是一件多好的事。为什么不去成全呢？也许，跟一个外向泼辣的女生在一起，嫣也会变得更勇敢，更愿意表达。”

嫣终于去了，一个人参加了聚会。回来的路上，孩子很开心。蓓蓓的爸爸妈妈真好，他们还邀请嫣一起参加暑假的公益活动。蓓蓓的妈妈已经把所有的准备工作都做好了：红马甲啊、手套啊、垃圾袋啊，甚至还有长长的横幅……虽然交的并不是优秀的孩子，却交到了一个优秀的家庭。

04

千万别小看孩子，他们早已有了属于自己的判断。就在那个如此融洽和谐的大杂烩班里，六年级时发生过一起较为严重的行窃事件，拖出了一大串人。班级里一下子就沸腾了。处理完毕这件事，却没能处理留在孩子们心里的痕迹。这群孩子形成了一个群体，总是聚在一起玩。无论我怎样引导其他孩子去发现他们的优点，去原谅他们犯的错误，都无法抹去“行窃”这件事带给大家的打击……直到毕业，他们仍然没有真正被大家接受。

或许，每个孩子的心里，都有一条不可逾越的底线。所以，让他们一个人勇敢地去体验。

8 来吧，一起做梦

蔡蔡是我教过的孩子里最优秀的之一。她留着一头短发，长着清秀的脸，大大的眼睛，很漂亮。

我是四年级教他们的。这个班级有着特殊性。它是三年级时，因为班级人数每年不断增加到了饱和状态，学校不得不在每个班级里抽出部分学生重新组合成一个新的班级。这样的“大杂烩”班级，有无数的问题：来自不同班级的孩子组合在一起，犹如一盘散沙。他们的学习习惯不一样，学习方式不一样，小团体抱团行动明显。即便是在课堂上，他们还会像连线一样，你一句我一句他一句，最后再轮一圈，我一看，全是原先一个班的。

经过一个月的熟悉与调整，我们还是进行了班委竞选。能干的蔡蔡脱颖而出，轻松当选中队长。

这样一个优秀能干、阳光独立的女生，应该来自优秀美满的家庭。其实不然，我对她的生世在与前任班主任的交接工作中，已经了解清楚。她的父亲是一名医生，开了一家诊所，还有一家药店，生活富足安逸。母亲是个家庭主妇，负责她的学习和生活。如果没有意外，蔡蔡会像个公主一般长大。可是，在她二年级的夏天，爸爸因为意外溺水而亡。这种沉重的打击是精神上，也是物质上的。诊所倒了，药店关了，全职妈妈必须出来养家了。

为减轻生活的负担，她们租了一个小房子，把自家的大房子出租，这份差价可以补贴家用，但是不够，妈妈必须要去找份工作。她能做什么？似乎什么也干不了。只能打打散工，赚取微薄的薪水。因为为人热情大方，妈妈很快结识了不少人。他们介绍她白天帮人看店卖衣服，晚上就去推销某品牌化妆品。

很多年前，我对推销化妆品的人有着固定的印象：话多热情，激情满满，每天都像打了鸡血。然而，蔡蔡的妈妈需要这份激情掩盖夜晚的空虚、寂寞与悲伤，让她可以一边赚钱一边消化痛苦。如此，蔡蔡每晚都是一个人在家。

那个时候的妈妈，忙于生计，也忙于梳理自己的内心，根本没有太多的时间陪她。

在学校里，根本看不出蔡蔡有任何情绪的流露。只是，偶尔在她 QQ 的说说里，可以看到“夜晚一个人躺在冰冷的漆黑里”这样孤冷的语句。我于是跟妈妈聊过这事。妈妈笑着说：“知道了。我会处理好的。”至于她是怎么处理的，并没有告诉我。

也许这种孤冷，并不是有妈妈陪在身边就会好起来。那是父亲在年少时就永远缺席的残酷，令她小小年纪就早熟起来，独立起来。幸运的是，没有消沉，反而变得夺目耀眼。即使母亲在她身上花再少的时间和精力，蔡蔡的优秀也和母亲有割裂不开的关系。所以，在一次家长会上，我们邀请了蔡蔡的妈妈来给大家分享教育孩子的成功经验。

蔡蔡妈妈很乐意，做了充分的准备。当我们用热烈的掌声，迎接这位女士走上讲台，她就笑了，像所有普通的妈妈，无殇无痕地笑着，绝不是强颜欢笑。她就是那么灿烂地笑着，像夜晚里的太阳。

她说：蔡蔡爱做梦，她也爱做梦。她总是觉得女儿将来必成大器，女儿也梦想着成为一名设计师。她觉得挺好的。人们总是会对孩子的异想天开说：“别做白日梦了。”其实，想一想，能做梦不是一件好事吗？如果我们的孩子连白日梦都不愿意做了，那还有什么希望呢？

她就是靠着这“梦”支撑着自己工作赚钱，养家糊口，尽所有力量将女儿培养成有出息的人。

她说：“只要蔡蔡要参加的活动或者比赛，我都会让她去参加。这是她通往梦的那一端的必经之路。”

班级里大大小小的事务，都交给了她来做。这个老师会叫她，那个老师也会叫她。有时候，连隔壁班的前任班主任也会叫她。她从来来者不拒地说“好”，然后保质保量地完成。凡是交到她手中的任务，总是完成得出色漂亮。不久，大队部的辅导员看中了她，学校多项活动的主持与组织都交给了她。后来，又代表学校去区里参加校园剧比赛，演出地点是在电台的演播厅，结果被电台的工作人员看中，去主持了一台晚会。做梦也没想到蔡蔡能作为一名小主持人，站在电视台的演播厅里。这真是多少女孩的“白日梦”，一不小心让蔡蔡给实现了。

毕业前夕，我交给她一个任务——给咱们班出一本诗集，诗歌的收集、整理以及制作，还有经费的收取与支出，统统交给这个能干的女生。她安排得妥妥当当，和学校对面的文印室也早就联系妥当，帮助设计封面，再拿来给我定夺。我说："不用了，全权由你负责。"经过一个月的准备，在毕业前夕，我们每人都拿到一本精美的诗集，是每个人的处女作。我是想给孩子们留一个纪念，未来的某天翻开这些稚嫩的小诗，多么有趣与温暖。她欣然接受这个任务，在保证不影响成绩、学校活动和班级事务的情况下，完成得极其漂亮。

初中三年，蔡蔡担任了学生会主席。在参加大大小小的学校活动的同时，凭借聪明与勤奋，以优异的成绩夺得了中考状元，接到杭州多所中学的诚挚邀请。而她选择留在了湖州，因为湖州有她相依为命的妈妈。如今，小小年纪的她，文章连连发表在《青年文学家》；就在高一暑假期间，她参加了北京大学法学院的暑期学校，取得优异的成绩。她在朋友圈发亮一段文字，其中有一句"for a real dream"……

通往梦想的阶梯一直都在，只是很多孩子不曾迈开步伐，便因成人理性的评判而夭折。孩子们在生活里的"万种可能"都被家长的一句"不可能"而全然否决。我们过着平凡的人生，也终究把凡人的思维强行按在了一个又一个的天才身上，让他们变成所有的普通人，如此就心安理得，高枕无忧了。

可是，蔡蔡有一个不一样的妈妈，在人生遭遇重创之后，依然给了孩子做梦的权力，使孩子最后站在了梦想的殿堂。

台湾有个盲人音乐家黄裕翔，以他为原型改编的电影《逆光飞翔》，讲述了两个年轻人对生命的勇敢，对梦想的追求。梦想也许非常简单细小，黄裕翔的梦想不过是一个人找到公共厕所，一个人去教室、回宿舍，可以坐在咖啡厅里静静地看着风景……而健康正常的女主角小洁则是想要跳舞。然而，小洁却没有黄裕翔幸福快乐。因为黄裕翔有一位伟大的母亲，她陪着孩子弹琴成长，也放手让他一个人上大学。所有细小的梦想，妈妈都陪着他去实践。电影里，黄裕翔希望自己能够独立到教室、回宿舍，叫妈妈陪他走。妈妈告诉他每个路口的标志，也提醒他注意的安全问题，最后让他自己一个人往前走，自己则站在原地对儿子说："你往前走，试试看，我就在后面……"

母爱，真是意味深长。

小洁的母亲，则是盘剥着女儿微薄薪水买买买的吸血虫，并禁止女儿跳舞，只求一份安稳的工作。影片通过健全的小洁和盲人黄裕翔进行对比，告诉大家：生命的完整并不仅仅取决于身体的完整，还在于内心是否拥有追逐梦想的力量，以及勇于实践梦想的能力。

有梦，真好；做梦，真美。伟大的父母，应当赋予孩子们做梦的权力、动力，以及能力。

9 再坚持一秒

01

元元是市艺术体操队的，体型好，相貌出众，一直是教练的心头好。可这“心头好”，不是一般的“心头好”，而是更加严格的要求，更大强度的训练。孩子们暗地里都称“魔鬼式”课堂。

生日那天，元元硬拉着爸爸妈妈一起去吃西餐。她破天荒地要了一份意大利面，一扫而空后，又要了一份寿司，最后回家还塞了一大块蛋糕。妈妈看着女儿狼吞虎咽的样子，眼泪都要滴出来了。这孩子从 6 岁开始体操训练，就没有好好吃过一餐饭。在家里吃饭时，桌子上永远有一只碗，碗里盛着温开水。按要求，元元只能吃蔬菜，这蔬菜还得放在开水里过滤一层油才能入口。有时候，奶奶烧上一桌好吃的，元元也只能吃上一小块尝个味道，更别提零食和外面的垃圾食品。因此，每每看到电视里的广告，她都能流出一盆口水来。

这次生日，咱们就任性一回吧。大不了，明天被教练狠狠地罚一顿。

元元也说：“妈妈，就让我吃一顿。我认罚。你看我这童年过得还像祖国的花朵吗？”

每次训练，第一件事是换衣服，第二件是上秤。只要体重超标 1 两，那就先去场地上跑 10 圈。这次，元元逃不过这一劫。只是，重太多了，足足有半斤。教练不但训斥了她，还罚跑加节食。累了一下午的元元和妈妈回到家，都没个好脸色。奶奶自然知道是怎么回事。当晚，全家开了家庭会议。

奶奶第一个发表意见："我们不练了。这么辛苦，还把孩子折腾得这么瘦。都像什么了，只剩下一副皮包骨了。哪次出去亲戚们不说'你们家元元怎么回事啊'，要多吃点，都快被风吹跑了。哪天不是烧一大桌子，可是她能吃吗？孩子还那么小，需要营养啊。"奶奶的牢骚最多，因为她烧的一桌子菜，没能给孩子带去福利。

爸爸则说："是太苦了，要不就真的不练了吧。反正这也就当个爱好。"

妈妈说："可上次省里来的教练说是全省练体操的孩子里，元元的形体素质能排到前三。放弃了，多可惜啊。再坚持坚持吧。"

爷爷说："我看还是问问元元自己的意见吧。"

元元说："太苦了。我早就不想练了。"

全家都反对，妈妈也无奈，最终这个全省前三的好苗子，就这样放弃了。但也不一定可惜，每个人选择的道路不一样。只是，后来的元元去学钢琴，学了 2 年也放弃了。一晃就小学毕业了，再到初中，成绩一般，中考成绩不理想，又重新换了学校再读一年初三……如今也不好意思再向人打听孩子的近况。

都说人这一辈子，要是能把一件事干到底，就是成功了。可是，能坚持做好一件事，真的很难吧。像元元这样的情况，并不少见。队里的女孩，放弃的越来越多。理由很多：太苦啊；孩子太瘦，练得不健康了；学业加重，没时间再练；爸爸妈妈太忙，没时间陪练……

放弃变成常态。作为一般的父母，可能真见不得自己的孩子那么苦的锻炼。只是，对剩下来坚持到底的孩子以及他们的父母，我们报以崇敬之情。

02

佳佳在这个队里长得黝黑娇小，起初并不出挑，远不如元元个大长腿高颜值。省里的教练下来观摩，佳佳是不被关注的那一个。可是，佳佳最大的优点就是有韧性。

孩子们聚在一起，也会说，上周吃了什么，玩了什么。她也羡慕得不得了，回家的路上总是会和妈妈分享，提出希望去饱餐一顿的欲求。但被妈妈拒绝了。妈妈能做的就是尽量把蔬菜做好吃了，让孩子能够在允许范围之内的饭菜里感受到美味。

偶尔真的吃多了，就陪着孩子一起去运动锻炼。如此，佳佳倒没有元元那么大的苦恼。保持着比一般饮食再节制和规律一点的状态。因而也很少受到老师的惩罚。即便偶尔跑上 10 圈，对佳佳来说，也是不在话下。因而，在最初的学习里，佳佳并没有承受过多的压力。虽然也萌生放弃的念头，但妈妈把艺术体操的视频一放给她看。她就心生无数的羡慕与期待，希望有一天能像这些姐姐一样站在大型的赛场上，展示漂亮的艺术体操。只是伙伴们一个接一个的离去，都在不断地捶打着佳佳这颗稚嫩的小心脏。

佳佳望着阿姨们抱歉的神情和伙伴们高兴的样子，心里有说不出的滋味。“妈妈，我还要继续练吗？”妈妈说:“咱们再坚持一年吧。等你练出模样来了，就会喜欢了。就像你第一次拉韧带，怎么都拉不开，人家轻轻松松一个劈叉。你要很久才能下去，保持的时间也没有别人久。妈妈不是一直跟你说：佳佳，咱们再坚持一秒。每次都多坚持一秒，你看，不是很快就追上别人了吗？这一次，咱们再坚持一次。”

终于，市体育节上，佳佳和仅剩的几个老队员一起展示了她们的成果。偌大的舞台，光彩夺目的灯光，给了佳佳希望和力量。爸爸还把电视里播出的片段录制下来，让佳佳有空就看一看。佳佳有了坚持的勇气和信心。尽管每次锻炼腰酸腿疼，精瘦精瘦的像个麻杆子，她还是咬咬牙忍住了。直到最好的朋友元元也要离开，她回家哭了，嚷着：“队友们都走了，连元元也走了。她那么好的条件都走了。妈妈，我们也不练了吧。我会好好学习，将来考个不错的大学。”

妈妈问：“你以为中学的题海战术会比体操锻炼轻松吗？”

妈妈拉开窗帘，指着对面楼里大多亮着灯的房间，说：“这都是哥哥姐姐们在挑灯夜读。现在的孩子读个初中，每天晚上做到 11 点是正常的，有一些学霸做得快的，剩下的时间也是在做自主练习。成绩落在后面的孩子在补差，成绩冲在前面的在提高。因为独木桥那么小，大家都在挤。你不努力，就会被人挤下去。你今天吃不了这个苦，将来读了初中高中也是一样的，你也会放弃的。佳佳，不要因为别人走了，我们就放弃了。我们再坚持坚持，真的坚持不下去，我们再放弃，怎么样？”

佳佳同意了。

这一坚持又是一年，迎来去省里比赛的机会。在为数不多的孩子里面，佳佳个人条件不算最好，但是肯吃苦，动作漂亮流畅。在斟酌之后，教练把其中的一个名额给了佳佳。

妈妈对佳佳说："你看，如果元元还在这个队伍里，轮到你的机会又少了一半。你啊，只看到坚持下去的人越来越少，妈妈看到的却是成功的机会越来越多。所以，当要放弃的时候，咱们再坚持一下。这下挺过去了，或许后面就顺畅了……"

佳佳一想，确实是这样。接下来的训练，更加努力。在省比赛中拿下了三等奖。戴上奖牌的瞬间，佳佳激动得不知所措。妈妈则流下了眼泪。这个重重的砝码，就像一个小发动机，会给孩子未来的道路提供无数的动力。妈妈把奖牌挂在孩子房间最显眼的地方。每次练得再苦，孩子再也不会说放弃。因为每一个苦头捱过之后，都能学到更高的技巧，得到更多的赞誉。

随着年龄的增长，佳佳渐渐发育变化，出落成一个高颜值的大长腿。加上性格沉稳，气质恬淡，人群之中也是夺目。一上赛场，就成为瞩目的焦点。几年后，佳佳作为市里唯一一名被选入了省队成员，参加了全国的比赛和演出。妈妈和爸爸一起到赛场上为她加油。在那一刻，妈妈觉得女儿已经成功了。世界冠军只有一个，而孩子是她心中永远的冠军，无论赛果如何。

妈妈把比赛的视频发在朋友圈里，自豪感无言可喻。这些年，妈妈风里来雨里去，送孩子去训练，有时候还要帮助拉拉韧带。女儿训练时，妈妈就坐在一边陪着，一直到结束带回家。要比赛了，就训练得更加密集。佳佳入选省队后，爸爸妈妈两周送一次，接一次，往返在两城之间。

妈妈说："与其说孩子在坚持，不如说我们全家都在坚持。不是所有的孩子，天生就有坚持的品质。父母的坚持，是对孩子最好的一课。"

正是这份坚持，让孩子在这条路上走出不一样的光彩来。

如今，从省队退役的佳佳，可以选择国内任何一所大学就读，但她留在了家乡的浙江大学。未来未必功成名就，扬名天下，但对一个普通家庭来说，已是开辟出另一条路，走出了另一番成就。最为宝贵的是：这份坚持的品质，会是孩子的一生的巨大财富。

10 生命之重

她第一次出现在校园时，就吸引了全部人的目光。小小的她，一摇一摆晃着身子往前走着，极其夸张的O型腿，似乎一个小坑就能把她掀倒在地。她的母亲，一个瘦弱的短发女人，伸手扶住了她的胳膊。她们去参加一年级新生面试。

这是我们校园里第一个如此特殊的孩子——脑瘫儿童。由于出生时严重缺氧导致了脑组织瘫痪，四肢僵化，行动不便。庆幸的是她的手，比她的脚要灵活很多，她的智商也是正常的。可是，学习是日复一日，年复一年的细水长流，并非一朝一夕的短暂旅行。她的校园生活，无法像正常的孩子那样，她需要一双健康的脚。

每天清晨，我们都能看到这一对母女的身影。母亲搀扶着女儿在走廊上走过来，走过去，再走过来，再走过去……自从孩子开始学习生活，母亲也就开始了陪读生涯。无论烈日暖阳或者春光秋风，这个瘦弱的母亲背着书包，扶着女儿，都会出现在校园里。母亲不再工作，全心全意照顾女儿。全家的重担都落在了父亲身上。尽管物质上一贫如洗，他们却给了孩子最温暖的希望，最有力量的爱。

脑瘫的儿童在生活中并不少，可是像这样出现在普通校园里的却少之又少。有人劝过这对夫妇，不如多赚点钱，既要防老，也要给女儿留点生活的资本。母亲只说："孩子想去上学。"

人人生而平等，享有这世上应有的权利。只是这权利的享有，必定要以牺牲另一个人的所有。女孩子口齿不清，读拼音总是不准确，妈妈就每天帮着练。更令人忧心的是，她的视力极差，只能看清一米内的物体。学习上的困难自然不必说，每当体育课，孩子们在操场上活蹦乱跳。她却只能在操场上一圈一圈地走着，练习走路。下雨的日子，是最痛苦的日子。妈妈瘦弱，女儿越长越大，而且身架不小，长得也胖嘟嘟的。妈妈推着自行车，一直把她送到教室门口，又要抱着她，从后座上下来。老师们看到了，会伸手去帮一把。更多的时候，只有靠妈妈。妈妈总是笑眯眯的，在营养不良的脸上呈现真诚欣慰的笑容。

有孩子在作文里写道，至今还能在网上看到：

> 突然，她重重地摔在了地上，我有些于心不忍，便跑过去想扶她站起来。可是，她却若无其事地说："没关系，我还不习惯，等习惯了就不会摔跤了。"这时，随着赵欣欣的目光，我发现了赵欣欣那慈爱的母亲，正用鼓励的目光望 着她……

她，是家人生命中不可承受的沉重。他们用尽生命的力气，陪伴她成长。

生活中的不便，可以解决；心灵上的创伤，如何修复？

孩子一天天长大，更清醒地意识到自己与别人的不同：她口齿不清，就得比别人花更多的时间读拼音。妈妈一遍又一遍地帮助纠正、范读；读卡片一分钟只能读几张，也要比别人花更多的时间；写字的笔画，在她生硬的手指下，写得歪七扭八，就要在周末花更多的时间去练……此外，她的视力极差，只能看清一米以内的事物，为此小小年纪就戴上了厚厚的眼镜。别的孩子，易如反掌的事，对她来说，难如登天。她生气了，就乱摔本子，发自己的脾气。妈妈总是弯下腰，把本子和笔捡起来，轻轻抱抱她，说"我们再来一次"。

渐渐的，经过几个学期后，她终于学会了独立行走，学习上也有了明显的进步。

她的班主任说："她不太举手回答问题。但有一次举手了，说着含混不清的话，我很努力地听完。忍不住就眼眶湿了。"她开口的声音，依然浑然不清，但是融入班级集体的朗读，是别样的动听。同学们都习惯了班级里的特殊同学。大家会在生活上对她加以照顾，也会为她的进步而开心，女生们渐渐拉着她一起在走廊上蹦蹦跳跳，一起做做手工……我常常在走廊上看到她手舞足蹈的样子，既笨拙又可爱。后来，她还被学校评为"十佳少年"。

她曾经烦躁的性格，已然变得温和。是因为周围世界的人们，对她温柔以待。

为了照顾她们，学校聘请这位母亲为打扫校园，既可以照顾孩子，又有一份收入。母亲高兴得不得了，还主动要求打扫厕所，且不计报酬。那个时候学校的老厕所，还没有改造过，又脏又破。每每看到她瘦弱的身躯，佝偻着在厕所里清洗着每一处肮脏，内心里总是涌出感动来。每次清理完毕，她都会给厕所点上一盘蚊香，除臭又灭蚊。她让校园的厕所前所未有的干净清新，给我们每一个人上了最动容的一课。放在生活的真实之处，我们未必做得她这份耐心、坚持、乐观与不求回报地付出。

时光飞逝，不久孩子毕业了，母亲也辞去了工作。她要跟随女儿到新的学校去报到，继续另一个阶段的陪读生涯。从此，我再也没有见过这位母亲。但是，我见过这个女孩，就在小区外围的马路上。女孩子还是一瘸一拐的，挽着一个中年男人的胳膊。父女俩有说有笑，走在夕阳里。显然，父亲带着女儿依然在锻炼走路。我在开车回家的路上，常常看到这一对父女。我也常常想他们到底在聊什么呢？他们一定不在聊保尔柯察金，不在聊张海迪。他们不需要聊，因为他们就是。

心理学专家说："在父母的亲自抚养中，你的孩子就在复制抚养的观念与性格，复制他最亲近人的各种行为方式与态度。早年最重要的模仿人是母亲，然后就是父亲。一般而言，人的长相大多取自遗传，但人的性格和人的观念则完全取决于父母的言谈举止。"

这对伟大的父母用言行引领着孩子，赤足走在滚烫的生活之路上，依然谈笑风生，俯仰自如。他们身体力行地教给了孩子生存的技能，也教给孩子生活的勇气，有勇气去面对自己的不足，去战胜内心的恐惧，像所有普通人一样，走在每一条大街小巷上，承受陌生人的审视，接受命运的不测……如此，她便拥有了生活的快乐，拥有了生活的能力。